名人留学记

蔡元培 鲁迅等 著

望月 编

当代世界出版社

THE CONTEMPORARY WORLD PRESS

图书在版编目（CIP）数据

名人留学记/蔡元培等著；望月编 . -- 北京：当代
世界出版社 ,2018.1（2023.2 重印）

ISBN 978-7-5090-1292-5

Ⅰ . ①名… Ⅱ . ①蔡… ②望… Ⅲ . ①留学生－生平
事迹－中国－民国 Ⅳ . ① K820.6

中国版本图书馆 CIP 数据核字 (2017) 第 285836 号

书名：名人留学记
出版发行：当代世界出版社
地址：北京市复兴路 4 号（100860）
网址：http://www.worldpress.org.cn
编务电话：（010）83908456
发行电话：（010）83908409
　　　　　（010）83908455
　　　　　（010）83908377
　　　　　（010）83908423（邮购）
　　　　　（010）83908410（传真）
经销：全国新华书店
印刷：北京一鑫印务有限责任公司
开本：710 毫米 ×1000 毫米 1/16
印张：16
字数：215 千字
版次：2018 年 1 月第 1 版
印次：2023 年 2 月第 2 次
书号：978-7-5090-1292-5
定价：49.00 元

目 录

蔡元培
（1868 年—1940 年）

留学德国

　　1907 年，41 岁的蔡元培第一次走出国门，第一年在柏林补习德语，第二年进入莱比锡大学听讲，第三年广泛研习了与教育有关的数十种课程，三年内选修了 40 门课程。辛亥革命时回国，1912 年 9 月再次赴德，进入莱比锡大学，在世界文明史研究所学习，半年内选修了欧洲史、艺术美学等课程，写成《世界观与人生观》。1913 年 9 月—1916 年 11 月，第三次留学，在法国主要从事研究、著述和中法文化交流活动。1923 年 7 月，蔡元培已经 57 岁，这次仍以留学、研究和著述为主，先在比利时布鲁塞尔研习意大利文，后移居法国。同年 11 月向汉堡大学注册，报名入学，研习美学及人类学。1926 年 2 月回国。

我那时候预备离开绍兴，适北京友人来信，说政府要派翰林院编检出国留学，留日、留欧，由本人自择，劝速往北京登记。我自离青岛后，本时时作游学计划，得此消息，不能不心动，遂往北京。适同乡章君一山长译学馆，请我为教授，任乙班的国文及西洋史。我本拟在北京度岁，静候派遣消息；不意从弟国亲忽来一电"家中有事，速归"，我遂惘惘然走平汉路南下，因天津口已冻了。回家后，始知家中实无甚要事，彼闻有不利于我的传说，特促我南避。北京的朋友，知道家中的电，亦认为必有他故，章君恐为我所累，特来一电，解教授之约。然我欲不为所阻，度岁后，我仍往北京。

　　我到京后，承陈君仲骞相招，寄住赣南馆，盖陈君所娶，为黄夫人的第四妹，君与我为僚婿。到北京后，始知编检志愿游学的人数太少，政府遂搁置不办，适得孙君慕韩（宝琦）使德的消息，乃托他的兄弟仲玙（宝瑄）及叶君浩吾为我关说，愿在使馆中任一职员，以便留学；我亦自访孙君，承孙君美意，允每月津贴银三十两，不必任何种职务。一方面与商务印书馆商量，在海外为编教科书，得相当的报酬，以供家用。我遂于是年五月间随孙使由西伯利亚铁路赴德。

到柏林后，我与齐、钱二君同寓，齐君本通德语、钱君善英语，我得两君助力不少；齐君本译学馆学生，他的同学顾君孟余（兆熊）留德已数年，诸事熟悉，我等所请的德语教员，均顾君所代选代订。又由顾君而认识薛先生仙舟（颂瀛）、宾君敏陔（步程）。

薛先生爱国好学，自奉甚俭，携他的甥女韦增瑛女士留学，常自购蔬菜，借房东厨房自烹。最恶同学中的游荡者，对于娶西妇的人，尤时时痛骂。闵我初学德语的艰苦，排日为我讲德语的文法，而嘱我为彼讲中国古文，作为交换条件，我得益不少。

宾君是豪爽的人，留德较久，于各方面情形，甚熟悉，初到德国的同学，赖他帮忙很多。中山先生到德国建设同盟会时，即在宾君寓所开会，然我在德时，宾君从未谈及，直至回国后十余年，宾君为其母夫人征寿序，始为我述此事。

同时留学柏林的，尚有马君武、夏浮筠（元瑮）诸君，亦时相过从；夏君每日于大学课程听完后，常到我寓，同往旅馆晚餐，或觅别种消遣（各人自付钱，不必相请）。

孙使恐我旅费不足，适唐君少川之侄宝书、宝潮等，来柏林留学，均不过十余岁，国学尚浅，因令于预备德语外，请我授国学，每月报酬德币百马克。

我在柏林一年，每日若干时习德语，若干时教国学，若干时为商务编书，若干时应酬同学，实苦应接不暇。德语进步甚缓，若长此因循，一无所得而归国，岂不可惜！适同学齐君宗颐持使馆介绍函向柏林大学报名，该大学非送验中学毕业证不可，遂改往莱比锡（Leipzig）进大学。那时候，中国学生留学莱比锡的，还只有张君仲苏（谨）一人，且与齐君同籍直隶，同在译学馆肄业，与齐君甚相得。我接齐君报告后，遂向孙使声明，而于戊申暑假中往莱比锡。

莱比锡属撒克逊王国，在它的都城特来斯顿（编者注：今译德累斯顿）邻近。特来斯顿山水著名，莱比锡风景平常。但德意志最高法院在此，又每年有一次市集，各方货物辐辏；它的大学自设立以来，已历五百年。

该大学设有中国文史研究所，主持的教授为孔好古氏，彼甚愿招待中国学生，我由彼介绍进大学，毫无留难。

第二年，迁居莱比锡，进大学听讲，凡三年，于哲学、文学、文明史、人类学之讲义，凡时间不冲突者，皆听之。尤注重于实验心理学及美学，曾进实验心理学研究所，于教员指导之下，试验各官能感觉之迟速、视后遗象、发音颤动状比较表等。进世界文明史研究所，研究比较文明史。又于课余，别延讲师，到寓所，讲授德国文学。

我所听的讲义，是冯德（Wilhelm Wundt）的心理学或哲学史（彼是甲年讲心理，乙年讲哲学史，每周四时，两种间一年讲的），福恺尔（Vokelt）的哲学，兰普来西（Lemprechs）的文明史，司马罗（Schmalso）的美术史，其他尚听文学史及某某文学等。我一面听讲，一面请教师练德语，一面请一位将毕业的学生弗赖野氏（Freyer）摘讲冯德所讲之哲学史。借以补充讲堂上不甚明了的地方。

冯德是一位最博学的学者，德国大学本只有神学、医学、法学、哲学四科（近年始有增设经济学等科）；而冯德先得医学博士学位，又修哲学及法学，均得博士；所余为神学，是彼所不屑要的了。他出身医学，所以对于生理的心理学有极大的贡献。所著《生理的心理学》一书，为实验心理学名著。世界第一个心理学实验室，即彼在莱比锡大学所创设的。又著《民族心理学》《论理学》《伦理学》《民族文化迁流史》《哲学入门》（此书叙哲学史较详），没有一本不是原原本本，分析到最简单的分子，而后循进化的轨道，叙述到最复杂的境界，真所谓博而且精，开后人无数法门的了。

那时候冯德一派的学者摩曼教授（Meumann），适也在这大学。他是应用心理学的实验法于教育学及美学。所著《实验教育学讲义》，是在瑞士大学的讲稿。又著《现代美学》及《实验美学》两书，虽篇幅不多，但门径分明。我想照他的方法，在美学上做一点实验的工作。于是取黑色的硬纸，剪成圆圈，又匀截为五片，请人摆成认为最美的形式。又把黑色硬纸剪成各种几何形，请人随意选取，列为认为最美的形式。此等形式，我都用白纸双钩而存之，并注明这个人的年龄与地位，将待搜罗较富后，比较统计，求得普通点与特殊点，以推求原始美术的公例。但试验不及百人，归国期迫，后来竟未能继续工作。

兰普来西氏是史学界的革新者，他分历史为五个阶段：（一）符号时代，（二）雏形时代，（三）沿习时代，（四）个性时代，（五）主观时代。符号时代，是人类意识最蒙昧，几没有多大的分别。如中国文字上一二三等指事的文，又如各民族图画上的几何形。

人与人的关系，就是共同生活，饥了就食，倦了就寝，并没有何等有机的社会组织。雏形时代，就进一步，有一种类别的意识。如中国或埃及的象形文、鸟、兽、虫、鱼，各就它们一类中共有的特点表现出来。在社会上，自图腾以至于宗法，自渔猎以至于农工商业，渐成分工的组织。沿习时代，是一种停滞的意识，承雏形时代的习惯，变本加厉，不求其所以然。如中国文学由小篆变为楷书，诗文上的拟古，图画上的模仿。在社会上，贵族与平民，公民与奴隶，男与女，资本家与工人，都不考求他们的成立的因由，而确认为天然不平等的阶级，没有改变的可能。个性时代，就又进一步。如图画上之写真，每一个人的面目，不能移到别一人。人人有"人各自由"之观念。人人有自尊人格的气概；平民与贵族争，有法国的革命；奴隶与公民争，有林肯的解放黑奴；女子与男子争，有各种妇女运动；工人与资本家争，有社会主义，无一非"人权"的意识所表现。主观时代，为我见的扩大。如孟子"万物皆备于我"的我，菲希德"我与非我"的哲学的我，并非为小己的竞争生存着想，而以全体人类为一大我。"禹思天下有溺者，犹己溺之；稷思天下有饥者，犹己饥之。""伊尹乐尧舜之道，思天下有不与被尧舜之泽者，若己推而纳诸沟中。""人人不独亲其亲，不独子其子，鳏寡废疾皆有所养。"人人各尽所能，各取所需。"这是社会主义者理想的世界，将要待人类文化更进时始能实现的。（因兰氏所举例证，我已记不清楚，箧中又无书可检，用己意说明，不知道失了兰氏本意没有。）兰氏依此主张，著《德意志史》，那时候已出二十余本，尚未到现代，兰氏旋于一九一四年逝世。

兰氏所创设的文明史与世界史研究所，除兰氏外，尚有史学教授六七人，学生在三四年级被允许入所研究者，那时约四百人。我以外国学生，不拘年级，亦允入所并在兰氏所指导的一门中练习。他的练习法，是每一学期中，提出有系统的问题一组，每一问题，指定甲、乙二生为主任，每两星期集会一次，导师主席；甲为说明的，乙为反驳的或补充的，其他丙、丁等为乙以后的补充者。最后由导师作结论。进所诸生，除参加此类练习班外，或自由研究，或预备博士论文，都随便。

兰氏讲史，最注重美术，尤其造型美术，如雕刻、图画等。彼言史前人类的语言、音乐均失传；唯造型美术尚可于洞穴中得之，由一隅反三隅，可窥见文化大概。研究所中搜集各地方儿童图画甚多，不但可考察儿童心理，且可与未开化人对照。

莱比锡大学礼堂中正面的壁画，为本地美术家克林该所绘。左部画一裸体而披蓝衫的少女，有各民族雏形的人物环拱着，

蔡元培

这是希腊全部文化的象征。中部画多数学者，而以柏拉图及亚里士多德为中坚，柏氏着玄衣而以一手指天，为富于理想的象征。亚氏着白衣而以一手指地，为创设实证科学的象征。右部画亚历山大率群臣向左迈进，为希腊人权威的象征。克氏又采选意大利各种有色的文石雕一音乐大家贝多芬坐像，设在美术馆庭中。

此地美术馆，以图画为主，当然不及柏林、明兴等处美术馆的富有，但自文艺复兴以后的诸大家，差不多都有一点代表作品，尤其尔时最著名的印象派作家李勃曼，因曾寓此城，所陈列作品较多。其第三层将各国美术馆所收藏之名画，购其最精的照片，依时代陈列，阅者的印象虽不及目睹原本的深刻，然慰情聊胜无。我常想，我们将来设美术馆，于本国古今大家作品而外，不能不兼收外国名家作品；但近代作品，或可购得，而古代作品之已入美术馆的，无法得之，参用陈列照片的方法，未尝不可采用。

美术馆外尚有一民族学博物馆，馆长符来氏（wöller），即在大学讲民族学者，我亦曾往听讲，其中所搜非洲人材料较多且精，因符来氏曾到该地。中、日亦列入，我亦曾助馆员说明中国物品。

有一花园名曰椰园（Palmgarten），因园中有一玻璃房，专培养热带植物。有一演奏厅，于星期日午后及晚间奏音乐，我常偕同学往听。德是音乐名家最多，普通人多能奏钢琴或提琴者，我也受他们的影响，曾学钢琴，亦曾习提琴，然均不久而中辍。

　　有一戏院，每日演话剧或小歌剧。小歌剧轻松婉丽，同学张君仲苏最所爱听，我亦偶与同往。话剧多古今文学家作品，寄托遥深。又德国舞台科白，为标准德语，听戏亦为练习语言的一法。大学体谅学生，每日于门房中留有中等座位的折价券若干张，备学生购取。报纸则于星期日揭载七日戏目。我等愿于某日观某剧，如未曾读过剧本，可先购一本，于观剧以前读完它，更易得益。（莱比锡为德国印刷业集中地点，有一雷克漠书店〈Recram〉印行小本，版权满期的文学书或科学书，每号价不过二十生丁。）

　　德国最大文学家歌德氏（Goethe）曾在莱比锡大学肄业，于其最著名剧本《弗斯脱》中，描写大学生生活，即在莱比锡的奥爱摆赫酒肆中（Auerbach），此酒肆为一地底室，有弗斯脱博士骑啤酒的壁画，我与诸同学亦常小饮于该肆。（及民国十年，我偕林宰平君重到莱比锡，再访该肆，则已改造为美轮美夬的饭馆了。）普通演《弗斯脱》剧本的，都只演第一本，即法国人所译编的歌剧，也只有第一本。第二本节目太繁，布景不易，鲜有照演的。唯莱比锡因系歌德就学之所，而弗斯德于芬斯脱节（Fenste）之夜，正欲服毒，闻教堂之歌舞而中止，所以莱城剧院于五月芬斯脱节前后，特排日连演第一、第二之两本。我在莱城三年，每年届期必往观。

我于讲堂上既常听美学、美术史、文学史的讲演，于环境上又常受音乐、美术的熏习，不知不觉地渐集中心力于美学方面。尤因冯德讲哲学史时，提出康德关于美学的见解，最注重于美的超越性与普遍性，就康德原书，详细研读，益见美学关系的重要。德国学者所著美学的书甚多，而我所最喜读的，为栗丕斯（T.Lipps）的《造型美术的根本义》（*Grnndlage der Bildende Kunst*），因为他所说明的感人主义，是我所认为美学上较合于我意之一说，而他的文笔简明流利，引起我屡读不厌的兴趣。

此四年中，编《中学修身教科书》五册、《中国伦理学史》一册、译泡尔生《伦理学原理》一册。

《中国伦理学史》，谓"孟子之杨朱即庄周为我即全己之义，《庄子》中说此义者甚多；至《列子·杨朱篇》乃魏、晋间颓废心理之产物，必非周季人所作"。又清儒中特揭黄梨洲、戴东原、俞理初三氏学说，以为合于民权、女权之新说。黄、戴二氏，前人已所注意，俞氏说，则子民始拈出之。

《中国伦理学史》，虽仍用日本远藤隆吉氏之三时期分叙法，叙述的材料亦多取给于此书，而详其所略、略其所详的却不少。其中如六朝人的人生观与清代黄梨洲、戴东原、俞理初三氏之编入，为我最注意之点。

子民在莱比锡时，闻我友李石曾言肉食之害，又读俄国托尔斯泰氏著作，描写田猎惨状，遂不食肉。尝函告我友寿孝天君，谓"蔬食有三义：（一）卫生，（二）戒杀，（三）节用。然我之蔬食，实偏重戒杀一义。因人之好生恶死，是否迷惑，现尚未能断定。故卫生家最忌烟酒，而我尚未断之。至节用，则在外国饭庄，肉食者有长票可购，改为蔬食而特饪，未见便宜。（是时局未觅得蔬食饭馆，故云尔。）故可谓专是戒杀主义也"。寿君复函，述杜亚泉君说："植物未尝无生命，戒杀义不能成立。"子民复致函，谓："戒杀者，非论理学问题，而感情问题。感情及于动物，故不食动物。他日，若感情又及于植物，则自然不食植物矣。且蔬食者亦非绝对不杀动物，一叶之蔬，一勺之水，安知不附有多数动物，既非人目所能见，而为感情所未及，则姑听之而已。

不能以论理学绳之也。"

我在莱比锡三年，暑假中常出去旅行。德国境内，曾到过特来斯顿（Dresden）、明兴（München）、野拿（Jana）、都绥多菲（Düsserdorf）等城市。德国境外，仅到过瑞士。往瑞士时，我本欲直向卢舍安（Lucean），但于旅行指南中，见百舍尔（Basel）博物馆目录中，有博克令（Böcklin）图画，遂先于百舍尔下车，留两日，畅观博氏画二十余幅，为生平快事之一。博氏之画，其用意常含有神秘性，而设色则以沉着与明快相对照，我笃好之。

我去欧洲，先后五次。其中，在德国耽搁的光阴最久，先后计算起来共有五年。在法国，差不多先后也有三年。在欧洲，旅行是很方便的，以我个人的感想，尤其是在德国。在大战以前，我们在德国，往来很自由，不要护照，简直和德国人一样。那时是在欧洲大学听讲的，到了暑假，便去德国名胜的地方游历，有时到瑞士去。瑞士的山水，是足以使人流连的，因为语言通，交通便，所以瑞士时常有我的足迹。

瑞士的确可爱，自然风景很好，设备很方便，瑞士的人又很和平。瑞士的人，对有色人种并不注意，一样看待，一样亲爱，所以到瑞士去游历，总觉得很舒服。除了瑞士以外，还有法国南方及意大利边境一带，像丽士、蒙脱利爱，一直往南去，我都非常欢喜。因为这些地方都是向阳的，海水是青天，所谓碧海青天，的确不错。在这许多地方去旅行，身心都感觉到非常愉快。

还有一点，我觉到越是冷的地方，越是清洁，如荷兰以北的丹麦、瑞典、挪威，这几个国家，气候愈冷，他们愈注意清洁。至于气候热的地方，就大不相同了，甚至于愈热愈差，对于清洁，比较冷的地方，就相去得远了。

我在旅行的时候，除游览名胜而外，对于有美术馆的城市，格外注意，如德国的 München——这个地名在英文中好像读 Munich（慕尼黑）——意大利的 Rome（罗马），Florence（佛罗伦萨），还有法国的巴黎，在每一个有美术馆的地方，我总是很细心地去看的。总括地说，我向来旅行，很注意三点：第一，是看一种不同的自然美；第二，研究古代的建筑；第三，是注意博物院的美术品。

辛亥是我留德的第五年，我于丁未五月间经西伯利亚往德国。到柏林后，始知有徐伯荪先烈刺恩铭于安庆，及秋竞雄先烈等在绍兴遇害之事。上海报载，问官说："汝受孙文指使吗？"（大意如此）徐先烈说："我运动革命，已二十年，还要受别人指使吗？"驻德孙慕韩公使读到此，有点寒心，乃强作嘲谑语说："革命党真是大言不惭。"

自丁未到辛亥五年间，差不多年年都有惊人的大事。例如丁未七月间，孙先生有钦廉之役。十一月，又有镇南关之役。戊申三月，有河口之役。是年十月，有熊成基先生在安庆起义。庚戌，有汪精卫先生刺载沣之事。至于辛亥二月间，温生才先生刺杀孚琦，黄花岗七十二烈士殉难，于是促成八月十九日之起义，而告一大结束。我也于是年回国了。

辛亥八月中旬（阳历10月初旬），德国大学的暑假尚未完，而中学已开课。我因几位德国朋友的介绍，往维铿斯多中学参观。这中学是私立的，是较为革新的，在课程上，重顿悟不重记诵；在训育上，尚感化不尚拘束，于会食前，诵一条世界名人格言，以代宗教式祈祷；注重音乐，除平时练习外，每星期必有一次盛大的演奏；学生得举行茶会，邀教员及男、女同学谈话。我寄住在此校教员宿舍中，历一星期，觉得他们合理化的生活，是很有趣的。我在此校住了一星期，忽见德国报纸上，载有武汉起义的消息，有一德国朋友问我：这一次的革命，是否可以成功？我答以必可成功，因为革命党预备已很久了。不久，又接到吴稚晖先生一函（自伦敦来，或自巴黎来，我此时记不清了），以武汉消息告我，并言或者是一大转机，我辈均当尽力助成（大意如此）。我于是先到柏林，每日总往同学会，与诸同学购报传观，或集资发电，大家都很热烈地希望各省响应就是了。同学中，有一位刘庆恩君，稍稍做了一点可资谈助的事：同学会中，本有两面小龙旗，插在案上花瓶中。有一日，刘君把这龙旗扯破了，他去备了两面五色旗来替它。又有一日，来了一位使馆的秘书，带笑着说道："袁宫保出来了，革命军势孤了！"仿佛很得意的样子。刘君骂道："放屁！"就打他一个耳光，别人赶紧劝开，那秘书也只好悄悄地去了。

我在柏林住了一个月光景，接陈英士先生电报，催我回国，我就从西伯利亚回来。

胡 适
（1891 年—1962 年）

初到美国——康奈尔大学的学生生活

　　1910 年 8 月胡适考取"庚子赔款"第二期官费赴美国留学。最初在康奈尔大学读农学，一年之后转入文学系，于 1914 年获得文学学士学位。1915 年 9 月转入哥伦比亚大学哲学系，师从 John Dewey（杜威）攻读博士学位。1917年回国任北京大学教授。胡适一生共获得 36 个荣誉博士学位，在哲学、历史学、文学史、文艺理论、古典文学考证诸方面都有很大成就。

今天我想谈谈我在美国留学的各方面。这些大半都是与二十世纪十年代——尤其是自一九一〇年到一九一七年间——美国学生界，有关家庭、宗教、政治生活和国际思想诸方面的事情。由一个在当时思想和训练都欠成熟的中国学生来观察这些方面的美国生活，当然不是一件容易的事情。

现在我们都知道，中国学生大批来美留学，实是一九〇九年所设立的"庚款奖学金"以后才开始的。原来美国国会于一九〇八年通过一条法案，决定退回中国在一九〇一年（庚子）为八国联军赔款的余额——换言之，即是美国扣除义和拳之乱中所受的生命财产等实际损失（和历年应有的利息）以后的额外赔款。

美国决定退还赔款之后，中国政府乃自动提出利用此退回的款项，作为派遣留美学生的学杂费。经过美国政府同意之后，

胡适

乃有庚款的第一批退款。一九二四年，美国国会二度通过同样法案，乃有庚款的第二次退款。这样才成立了"中华教育文化基金会"——简称"中华基金会"。这当然又是另一件事了。

由于庚款的第一批退款，经过中美两国政府交换说帖之后，乃有第一批所谓"庚款留学生"赴美留学。第一届的四十七人之中包括后来的清华大学校长梅贻琦，以及其他后来在中国科技界很有建树的许多专家。第二届七十人是在一九一〇年在北京考选的，然后保送赴美进大学深造。另外还有备取七十人，则被录入于一九一〇年至一九一一年间所成立的"清华学校"，作为留美预备班。

我就是第二届第一批考试及格的七十人之一。所以一九一〇年至一九一二年间也是中国政府大批保送留学生赴美留学的一年。抵美之后，这批留学生乃由有远见的美国人士如北美基督教青年会协会主席约翰·穆德（John R. Mott）等人加以接待。多年以后，当洛克菲勒基金会拨款捐建那远近驰名的纽约的"国际学社"（International House）时，穆德的儿子便是该社的执行书记。我特地在此提出说明这个国际精神，并未中断。

像穆德这样的美国人，他们深知这样做实在是给予美国最大的机会，来告诉中国留学生，受美国教育的地方不限于课堂、实验室和图书馆等处，更重要的和更基本的还是在美国生活方式和文化方面去深入体会。因而通过这个协会，他们号召美国各地其他的基督教领袖和基督教家庭，也以同样方式接待中国留学生，让他们知道美国基督教家庭的家庭生活的实际状况；也让中国留学生接触美国社会中最善良的男女，使中国留学生了解在美国基督教整体中的美国家庭生活和德性。这便是他们号召的目标之所在。许多基督教家庭响应此号召，这对我们当时的中国留学生，实在是获益匪浅。

在绮色佳（编者注：今译伊萨卡·纽约州）地区康奈尔大学附近的基督教家庭——包括许多当地士绅和康大教职员——都接待中国学生。他们组织了许多非正式的组织来招待我们；他们也组织了很多的圣经班。假若中国留学生有此需要和宗教情绪的话，他们也帮助和介绍中国留学生加入他们的教会。因此在绮色佳城区和康奈尔校园附近也是我生平第一次与美国家庭发生亲密的接触。对一个外国学生来说，这是一种极其难得的机会，能领略和享受美国家庭、教育，特别是康大校园内知名的教授学者们的温情和招待。

绮色佳和其他大学城区一样，有各种不同的教会。大多数的基督教会都各有其教堂。"教友会"（或译"贵格会"或"匪克会"。Quaker，Society of Friends）虽无单独的教堂，但是康奈尔大学法文系的康福（W.W. Comfort）教授却是个教友会的教友，足以补偿这个遗珠之憾。康氏后来出任费城教友会主办的海勿浮学院（Haverford College）的校长。我就送我的小儿子在该校就读两年。康福教授既是个教友会的基督徒，他的家庭生活便也是个极其美好的教友会教徒的家庭生活。我个人第一次对教友会的历史发生兴趣和接触，和对该派奇特而卓越的开山宗师乔治－弗克斯（George Fox，1624 年—1691 年）的认识，实由于读到（欧洲文艺复兴大师）伏尔泰（Voltaire，1694 年—1778 年）有关英国教友会派的通信。这一认识乃引起我对美国教友会的教友很多年的友谊。

　　教友会的信徒们崇奉耶稣不争和不抵抗的教导。我对这一派的教义发生了兴趣，因为我本人也曾受同样的，但是却比耶稣还要早五百年的老子的不争信条所影响。有一次我访问费城教友会区，康福教授便向我说："你一定要见我的母亲，访问一下她老人家。她住在费洛达菲亚城郊区的日尔曼镇（German Town）。"由于康福教授的专函介绍，我就顺便访问了康福老太太。康福老太太乃带我去参观教友会的会场。这是我生平的第一次，印象和经验都是难忘的。由于这一次访问的印象太深刻了，所以在教友会里我有很多终身的朋友。我以后也时常去教友会集会中作讲演，我也送了我的小儿子去进教友会的大学。

当然我也接触了很多基督教其他不寻常的支派。在我的《留学日记》里，我也记载了访问犹他州（Utah）"摩门教会"（Mormonism）的经过。我也碰到过几位了不起的摩门派学人和学生。我对他们的印象也是极其深刻的。同时也改变了以前我像一般人所共有的对摩门教派很肤浅的误解。

我和一些犹太人也相处得很亲密。犹太朋友中包括教授和学生。首先是康奈尔，后来又在哥伦比亚，我对犹太人治学的本领和排除万难、力争上游的精神，印象极深。在我阅读《圣经》，尤其是《旧约》之后，我对犹太人真是极其钦佩。所以我可以说这些都是我的经验的一部分——是我对美国生活方式的了解。

在一九一一年的夏天——也就是我从大学一年级升入二年级的那个夏天——有一次我应约去费洛达菲亚（**编者注：今译宾夕法尼亚**）城的孛可诺松林区（Pocono Pines）参加"中国基督教学生联合会"的暑期集会。会址是在海拔两千英尺，风景清幽的高山之上。虽在盛暑，却颇有凉意。该地有各项设备，足供小型的宗教集会之用。在我的《留学日记》里便记载着，一日晚间，我实在被这小型聚会的兴盛气氛所感动，我当场保证我以后要去研究基督教。在我的日记里，以及后来和朋友通信的函札上，我就说我几乎做了基督徒。可是后来又在相同的情绪下，我又反悔了。直至今日我仍然是个未经感化的异端。但是在我的日记里我却小心地记录下这一段经验，算是我青年时代一部分经验的记录。

今日回思，我对青年时代这段经验，实在甚为珍惜——这种经验导致我与一些基督教领袖们发生直接的接触，并了解基督教家庭的生活方式，乃至一般美国人民和那些我所尊敬的师长们的私生活，特别是康福教授对我的教导，使我能更深入的了解和爱好圣经的真义。我读遍圣经，对新约中的《四福音书》中至少有三篇甚为欣赏；我也欢喜《使徒行传》和圣保罗一部分的书信。我一直欣赏圣经里所启发的知识。

后些年在北京大学时，我开始收集用各种方言所翻译的《新约》或《新旧约全书》的各种版本的中文圣经。我收集的主要目的是研究中国方言。有许多种中国方言，向来都没有见诸文字，或印刷出版，或作任何种文学的媒介或传播工具。可是基督教会为着传教，却第一次利用这些方言来翻译《福音》，后来甚至全译《新约》和一部分的《旧约》。

我为着研究语言而收藏的圣经，竟然日积月累，快速增加。

当"中国圣经学会"为庆祝该会成立五十周年而举办的"中文圣经版本展览会"中，我的收藏竟然高居第二位——仅略少于该会本身的收藏。这个位居第二的圣经收藏，居然是属于我这个未经上帝感化的异端胡适之！

以上所说的是我学生时代生活的一方面。

当我于一九一〇年初到美国的时候，我对美国的政治组织、政党、总统选举团和整个选举的系统，可说一无所知。对美国宪法的真义和政府结构，也全属茫然。一九一一年十月，中国的辛亥革命突然爆发了。为时不过数月，便将统治中国有二百七十年之久的清朝专制推翻。一九一二年一月，中华民国便正式诞生了。你知道这一年是美国大选之年。大选之年也是美国最有趣和兴奋的年头。威尔逊是这一年民主党的候选人；同时共和党一分为二；当权的托虎托（编者注：今译塔夫脱）总统领导着保守派；前总统老罗斯福却领导了自共和党分裂出来的进步党，它是美国当时的第三大党。罗氏也就是该党的领袖和总统候选人。这一来，三党势均力敌、旗鼓相当，因而连外国学生都兴奋得不得了。

这一年康奈尔大学的政治系新聘了一位教授叫山姆·奥兹（Samuel P. Orth）。他原是克利弗兰市里的一位革新派的律师。

他在该市以及其本州（俄亥俄）内的革新运动中都是个重要的领导分子，由康大自俄亥俄州的律师公会中延聘而来，教授美国政府和政党。我一直认为奥兹教授是我生平所遇到的最好的教授之一；讲授美国政府和政党的专题，他实是最好的老师。我记得就在这个大选之年（1912年—1913年），我选了他的课。

下面一段便是他讲第一堂课时的开场白：

今年是大选之年。我要本班每个学生都订三份日报——三份纽约出版的报纸，不是当地的小报——《纽约时报》是支持威尔逊的；《纽约论坛报》（The New York Tribune）是支持托虎托的；《纽约晚报》（The New York Evening Journal）[我不知道该报是否属"赫斯特系"（Hearst family）的新闻系统。但是该报不是个主要报纸。] 是支持罗斯福的。诸位把每份订它三个月，将来会收获无量。在这三个月内，把每日每条新闻都读一遍。细读各条大选消息之后，要做个摘要；再根据这摘要作出读报报告缴给我。报纸算是本课目的必需参考书，报告便是课务作业。还有，你们也要把联邦四十八州之中，违法乱纪的竞选事迹做一番比较研究，交上来算是期终作业！

我可以告诉你，在我对各州的选举活动做了一番比较研究之后，我对美国的政治也就相当熟悉了。

奥兹教授在讲过他对学生的要求之后，又说："……就是这样了！关于其他方面的问题，听我的课好了！"

我对这门课甚感兴趣！

奥兹教授对历史很熟。历史上的政治领袖和各政党——从美国开国时期的联邦系（Federalists）到二十世纪初期的进步党（Progressives）——等等创始人传记，他也甚为清楚。他是俄亥俄州人，他对前总统麦荆尼（编者注：今译麦金莱）周围助选的政客，如一手把麦氏推上总统宝座的大名鼎鼎麦克斯·韩纳（Marcus Hanna，1837年—1904年），他都很熟。所以奥慈告诉我们说："看三份报，注视大选的经过。同时认定一个候选人做你自己支持的对象。这样你就注视你自己的总统候选人的得失，会使你对选举更为兴奋！"

他对我们的另一教导，便是要我们参与绮色佳城一带举行的每一个政治集会。我接受了奥氏的建议，于一九一二年的选举中选择了进步党党魁老罗斯福作为我自己支持的对象。四年之后，我又选择了威尔逊为我支持的对象。在一九一二年全年，我跑来跑去，都佩戴一枚象征支持罗斯福的大角野牛象的襟章；一九一六年，我又佩戴了支持威尔逊的襟章。

我在一九一二年也参加了许多次政治集会，其中有一次是老罗斯福讲演赞助进步党候选人欧斯克·史特斯（Oscar Strauss）竞选纽约州长。在绮色佳集会中最激动的一次便是罗斯福被刺之后那一次集会。罗氏被刺客击中一枪，子弹始终留在身内未能取出。我参加了这次集会，好多教授也参加了。令我惊奇的却是此次大会的主席，竟是本校史密斯大楼（Goldwin Smith Hall）的管楼工人。这座大楼是康大各系和艺术学院的办公中心！这种由一位工友所主持的大会的民主精神，实在令我神往之至。在这次大会中，我们都为本党领袖的安全而祈祷，并通过一些有关的议案。这次大会也是我所参加过的毕生难忘的政治集会之一。

该年另一个难忘的集会便是由我的业师克雷敦（J. E. Creighton）教授代表民主党，康大法学院长亥斯（Alfred Hayes）教授代表进步党的一次辩论会。这批教授们直接参加国家大政的事，给我的印象实在太深了。我可以说，由这些集会引起我的兴趣也一直影响了我以后一生的生活。

大选刚过，我因事往见伦理学教授索莱（Frank Thilly），当我们正在谈话之时，克雷敦教授忽然走了进来。他二人就当着我的面，旁若无人地大握其手，说："威尔逊当选了！威尔逊当选了！"我被他二人激动的情绪也感动得热泪盈眶。这两位教授都是支持威尔逊的。他二人也都在普林斯顿大学教过书，都深知威尔逊，因为威氏曾任普大校长多年。他二人对威氏出任总统也发生了不感兴趣的兴趣。

几年之后，我迁往纽约市。从康奈尔大学研究院转学至哥伦比亚大学研究院，并住入哥大当时最新的佛纳大楼（Fur-nald Hall）。一九一五年不是个选举年，但是这一年却发生了有名的美国妇女争取选举权的五马路大游行。我目睹许多名人参加此次游行。约翰·杜威夫妇也夹在游行队伍之中。杜威教授并曾当众演说。一九一五年岁暮，杜威还直接参加此一群众运动。这一件由教授们直接参加当时实际政治的事例，给我的影响亦至为深刻。

我想把一九一六年的大选在此地也顺便提一提。此时老罗斯福的光彩对我已失去兴趣；而我对那位国际政治家威尔逊却发生了极深的信仰。先是在一九一四年，我曾以职员和代表的身份参加过一次世界学生会议。这个会是当时"世界学生会联合会"（The Asso-ciationof Cosmopolitan Clubs）和"欧洲学生国际联合会"（International Federation of Students of Europe）所联合举办的。先在绮色佳集会之后，再会于华盛顿。在华府我们曾受到威尔逊总统和国务卿白来恩（Williams

Jennings Bryan）的亲自接见，他二人都在我们的会里发表讲演。

我清楚地记得正当一九一六年大选投票的高潮之时，我和几位中国同学去"纽约时报广场"看大选结果。途中我们看到《纽约世界日报》发出的号外。《纽约世界日报》是支持威尔逊的大报之一，可是这一次的号外却报道共和党候选人休斯（Charles E.Hughes）有当选的可能。我们同感失望，但是我们还是去时报广场，看时报大厦上所放映的红白二色的光标，似乎也对威尔逊不利。我们当然更为失望，但是我们一直坚持到午夜。当《纽约晚邮报》出版，休斯仍是领先。该报的发行人是有名的世界和平运动赞助人韦那德（Oswald Garrlson Villard）。我们真是太失望了。我们只有打道回校。那时的地道车实在拥挤不堪，我们简直挤不进去，所以我们几个人乃决定步行回校——从西四十二街走回西一一六街（约五公里）的哥大校园。

翌日清晨，我第一桩事便是看报上的选举消息。所有各报都报道休斯可能当选，但是我却买不到《纽约时报》。它显已被人抢购一空了。我不相信其他各报的消息，乃步行六条街，终于买到一份。《纽约时报》的头条消息的标题是"威尔逊可能险胜！"读后为之一快，乃步行返校吃早餐。你可能记得，这一旗鼓相当的大选的选票一直清理了三天；直至加州选票被重数了之后，威尔逊才以三千票的"险胜"而当选总统！

另外当时还有几个小插曲也值得一提。就在我差不多通过所有基层考试的时候，因为我希望在一九一六年至一九一七年间完成我的博士论文，我觉得有迁出哥大宿舍的必要。那时的中国留学生差不多都集中住于三座宿舍大楼——佛纳、哈特莱（Hartle Hall）和李文斯敦（Livingston Hall）。（中国同学住在一起，交际应酬太多，影响学业。）所以我迁至离哥大六十条街（三英里）之外，靠近西一七二街附近的海文路九十二号一所小公寓，与一云南同学卢锡荣君同住。我们合雇了一位爱尔兰的村妇，帮忙打扫，她每周来一次做清洁工作。在一九一六年大选之前（那时妇女尚无投票权），我问她说："麦菲夫人（Mrs. Murphy），你们那一选区投哪位候选人的票啊？"

"啊！我们全体反对威尔逊！"她说："因为威尔逊老婆死了不到一年，他就再娶了！"

数周之后，我参加了一个餐会，主讲人是西海岸斯坦福大学校长戴维·交顿（David Starr Jorclan）。他是一位世界和平运动的主要领导人。当大家谈起大选的问题时，交顿说："今年我投谁的票，当初很难决定，我实在踌躇了很久，最后才投威尔逊的票！"他这席话使当时出席餐会的各界促进和平的士女大为骇异。所以有人就问交顿，当时为何踌躇。交顿说："我原在普林斯顿教书，所以深知威尔逊的为人。当他做普大校长时，他居然给一位教授夫人送花！"这就是戴维·交顿不要威尔逊做美国总统的主要原因。其所持理由和我们的爱尔兰女佣所说的，实在有异曲同工之妙。

我对美国政治的兴趣和我对美国政制的研究，以及我学生时代所目睹的两次美国大选，对我后来对中国政治和政府的关心，都有着决定性的影响。其后在我一生之中，除了一任四年的战时中国驻美大使之外，我甚少参与实际政治。但是在我成年以后的生命里，我对政治始终采取了我自己所说的不感兴趣的兴趣（dis-interested-interest）。我认为这种兴趣是一个知识分子对社会应有的责任。

我在一九一〇年进康奈尔大学时，原是学农科的。但是在康大附设的纽约州立农学院学了三个学期之后，我做了重大牺牲，决定转入该校的文理学院，改习文科。后来我在国内向青年学生讲演时便时常提到我改行的原因，并特别提及"果树学"（Pomology）那门课。这门课是专门研究果树的培育方法，这在当时的纽约州简直便是一门专门培育苹果树的课程。在我们课堂上学习之外，每周还有实习，就是这个"实习"，最后使我决定改行的。

在我的讲演集里，有几处我都提到这个小故事。其经过大致是这样的：

实习时，每个学生大致分得三十个或三十五个苹果。每个学生要根据一本培育学指南上所列举的项目，把这三十来个苹果加以分类。例如茎的长短，果脐的大小，果上棱角和圆形的特征，果皮的颜色，和切开后所测出的果肉的韧度和酸甜的尝试，肥瘦的纪录……这叫作苹果分类，而这种分类也实在很笼统。我们这些对苹果初无认识的外国学生，分起来甚为头痛！

但是这种分类，美国学生做来，实在太容易了。他们对各种苹果早已胸有成竹。按表分类，他们一望而知。他们也无需把苹果切开，尝其滋味。他们只要翻开索引或指南表格，得心应手地把三十几个苹果的学名一一填进去，大约花了二三十分钟的时间，实验便做完了。然后拣了几个苹果，塞入大衣口袋，便离开实验室扬长而去。可是我们三两位中国同学可苦了。我们留在实验室内，各尽所能去按表填果，结果还是错误百出，成绩甚差。

在这些实验之后，我开始反躬自省：我勉力学农，是否已铸成大错呢？我对这些课程基本上是没有兴趣；而我早年所学，对这些课程也派不到丝毫用场；它与我自信有天分有兴趣的各方面也背道而驰。这门"果树学"的课——尤其是这个实验——帮助我决定如何面对这个实际问题。

我那时很年轻，记忆力又好。考试前夕，努力学习，我对这些苹果还是可以勉强分类和应付考试的；但是我深知考试之后，不出三两天——至多一周，我会把那些当时有四百多种苹果的分类，还是要忘记得一干二净。我们中国，实际也没有这么多种苹果。所以我认为学农实在是违背了我个人的兴趣。勉强去学，对我说来实在是浪费，甚至愚蠢。因此我后来在公开讲演中，便时时告诫青年，劝他们对他们自己的学习前途的选择，千万不要以社会时尚或社会国家之需要为标准。他们应该以他们自己的兴趣和禀赋，作为选科的标准才是正确的。

除此之外，当然还有使我转入文理学院去学习哲学、文学、政治和经济的其他诸种因素。其他基本的因素之一便是我对哲学、中国哲学和研究史学的兴趣。中国古代哲学的基本著作，及比较近代的宋明诸儒的论述，我在幼年时，差不多都已读过。我对这些学科的基本兴趣，也就是我个人的文化背景。

当我在农学院就读的时期，我的考试成绩还不算坏。那时校中的规定，只要我能在规定的十八小时必修科的成绩平均在八十分以上，我还可随兴趣去选修两小时额外的课程。这是当时康奈尔大学的规定。这一规定，我后来也把它介绍给中国教育界，特别是北京大学。在中国我实在是这一制度最早的倡导人之一。

利用这两三个小时选修的机会，我便在文学院选了一门克雷敦教授所开的"哲学史"。克君不长于口才，但他对教学的认真，以及他在思想史里对各时代、各家各派的客观研究，给我一个极深的印象。他这一教导，使我对研究哲学——尤其是中国哲学——的兴趣，为之复苏！

使我改行的另一原因便是辛亥革命；打倒满清，建立民国。中国当时既然是亚洲唯一的共和国，美国各地的社区和人民对这一新兴的中国政府发生了浓厚的兴趣。校园内外对这一问题的演讲者都有极大的需要。在当时的中国学生中，善于口才而颇受欢迎的讲演者是一位工学院四年级的蔡吉庆。蔡君为上海圣约翰大学的毕业生，留美之前曾在其母校教授英语。他是位极其成熟的人，一位精彩的英语演说家。但是当时邀请者太多，蔡君应接不暇，加以工学院课程太重，他抽不出空，所以有时只好谢绝邀请。可是他还是在中国同学中物色代替人，他居然认为我是个可造之材，可以对中国问题做公开讲演。

有一天蔡君来找我。他说他在中国同学会中听过我几次讲演，甚为欣赏，也知道我略谙中国古典文史。他要我越俎代庖，去替他应付几个不太困难的讲演会，向美国听众讲解中国革命和共和政府。在十分踌躇之后，我也接受了几个约会，并做了极大的准备工作。这几次讲演，对我真是极好的训练。蔡君此约，也替我职业上开辟了一个新的方向，使我成为一个英语演说家。同时由于公开讲演的兴趣，我对过去几十年促成中国革命的背景和革命领袖人物的生平，也认真地研究了一番。这个对政治史所发生的兴趣，便是促使我改行的第二个因素！

　　还有第三个促使我改行的原因，那就是我对文学的兴趣。我在古典文学方面的兴趣，倒相当过得去。纵是在我十几岁的时候，我的散文和诗词习作都还差强人意。当我在康奈尔农学院（亦即纽约州立农学院）就读一年级的时候，英文是一门必修科，每周上课五小时，课程十分繁重，此外我们还要选修两门外国语——德文和法文。这些必修科使我对英国文学发生了浓厚的兴趣，我不但要阅读古典著作，还有文学习作和会话。学习德文、法文也使我发掘了德国和法国的文学。我现在虽然已不会说德语或法语，但是那时我对法文和德文都有相当过得去的阅读能力。教我法文的便是我的好友和老师康福教授，他也是我们中国学生圣经班的主持人。

我那两年的德语训练，也使我对歌德（Goethe）、雪莱（Schiller）、海涅（Heine）和莱辛（Lessing）诸大家的诗歌亦稍有涉猎。因而我对文学的兴趣——尤其是对英国文学的兴趣，使我继续选读必修科以外的文学课程。所以当我自农学院转入文学院，我已具备了足够的学分（有二十个英国文学的学分），来完成一个学系的"学科程序"。

　　康奈尔文学院当时的规定,每个学生必须完成至少一个"学科程序"才能毕业。可是当我毕业时,我已完成了三个"程序"：哲学和心理学；英国文学；政治和经济学。三个程序在三个不同的学术范围之内。所以那时我实在不能说，哪一门才是我的主科。但是我对英、法、德三国文学兴趣的成长，也就引起我对中国文学兴趣之复振。这也是促成我从农科改向文科的第三个基本原因。

　　我既然在大学结业时修毕在三个不同部门里的三个不同的"程序"，这一事实也说明我在以后岁月里所发展出来的文化生命。有时我自称为历史学家，有时又称为思想史家，但我从未自称我是哲学家，或其他各行的什么专家。今天我几乎是六十六岁半的人了，我仍然不知道我主修何科；但是我也从来没有认为这是一件憾事！

胡适

037

辜鸿铭
（1856 年—1928 年）

东西文明异同论

　　1867 年，辜鸿铭的义父母布朗夫妇返回英国时，把 10 岁的他带到了当时最强大的西方帝国。1870 年，辜鸿铭被送往德国学习科学，后回到英国，掌握了英文、德文、法文、拉丁文、希腊文，并以优异的成绩被爱丁堡大学录取。1877 年，辜鸿铭获得文学硕士学位后，又赴德国莱比锡大学、法国巴黎大学等著名学府研究文学、哲学。此时，辜鸿铭获文、哲、理、神等 13 个博士学位，会 9 种语言，还会用拉丁文作诗。1880 年，辜鸿铭结束了自己 14 年的留学历程，返回中国。

在今晚的演讲（这是辜鸿铭 1924 年在日本东京工商会馆的演讲）开始之前，我要请在座诸位多原谅，恐怕我今晚的演讲不太好。为什么呢？因为今晚的讲演不像前三次在大东文化协会所做的演讲那样，事先做了充分的准备。

我应大东文化协会的邀请来到日本时，只准备了三个演讲题目。因此，一直到两三天前，关于今晚的讲演，还没有想好要讲什么。好容易想到了"东西异同论"这个题目，遗憾的是已没有充足的时间准备了。因此，我所作的讲话中可能有些零乱不系统，如果这样，希望诸位不要予我以苛责。

有名的英国诗人吉卜林曾说："东就是东，西就是西，二者永远不会有融合的时候。"这句话在某种意义上说有它的合理处。东西方之间确实存在着很多差异。但是我深信，东西方的差别必定会消失并走向融合的，而且这个时刻即将来临。虽然，双方在细小的方面存有许多不同，但在更大的方面，更大的目标上，双方必定要走向一起的。

因此，所有有教养的人，都应为此而努力，为此而做出贡献，而且这也是有教养人们的义务。

不久前，一个德国友人定居在广东，他非常关心东洋文明，他死的时候，我给他做了墓志铭："你最大的祝愿，是实现东西方优良方面的结合，从而消除东西畛域。"

因为常常批评西洋文明，所以有人说我是个攘夷论者，其实，我既不是攘夷论者，也不是那种排外思想家。我是希望东西方的长处结合在一起，从而消除东西界限，并以此作为今后最大的奋斗目标的人。因此，今晚我给大家讲讲东西文化之间有哪些差异。

东西文明有差异是理所当然的。从根本上说，东洋文明就像已经建成了的屋子那样，基础巩固，是成熟了的文明；而西洋文明则还是一个正在建筑当中而未成形的屋子，它是一种基础尚不牢固的文明。

一般说来，欧洲文明根源于罗马文明，而罗马文明又像诸位所知道的那样根源于古希腊文明，在罗马帝国灭亡后，欧洲人民就创造了一种新的文明——巴洛克文明，也就是欧洲中世纪文明。那时的欧洲虽然处在野蛮时代，但是随着基督教的兴起，蛮人逐渐进步，从而开始创造文明，而后，众所周知，文艺复兴时代到来。

恰巧与之相对应的是中国六朝的文艺复兴时代。众所周知，此时正是五胡乱华，而罗马人的古典文明也是被五个蛮族集团消灭的。从此欧洲人就以基督教和圣经为蓝本（基础），创造了新的巴洛克文明。

然而，随着欧洲人知识的进步，过去的宗教文化就不能适应了。如同中国在唐代兴起文艺复兴一样，在欧洲，有了意大利文艺复兴，进而有马丁·路德的宗教改革。为此，欧洲经历了四十多年的战争，终于成功地实现了改革，以后来到了法国大革命，它是以改变政治结构为主要目的的。但社会自身却并未有所变化。因此，经历了上次的欧洲大战之后，欧洲人所面临的问题是改造社会，因此社会主义、过激主义四处兴起，过激主义的目的是彻底破坏旧的东西而制造新的东西。这种"破坏性"的主义，也是欧洲社会中必然产生的结果。所以，欧洲文明，实如同一个正在改造、构筑、建设当中的屋子。

而我们东洋的文明，则不仅已构成了屋子，而且已经住上了人。东西文明的差别就由此而生。欧洲人没有真正的文明，因为真正的文明的标志是有正确的人生哲学，但欧洲人没有。在中国，把真正的人生哲学称为"道"，道的内容，就是教人怎样才能正当地生活，人怎样才能过上人的生活。有"文以载道"这样一句话，"文"即"文学"，在中国，文学可以说是教给人们正确的人生法则的东西，西洋人长时间内为了寻找这真正的人生道路，做出了很大的努力，但至今未果。而中国人依据四书五经，就可以明"道"。很遗憾，欧洲没有这样的东西。欧洲有的是基督教。基督教教人们怎样去做一个好人。而孔子学说则教人怎样成为一个良好的国民，努力做一个好人当然是好事，但这并不是一件什么难事。比如登山拜神即可成为一个好人，而想做好一个良民，则须知"五伦"，这却是一件相当难的事。

为寻找正确的人生之道，欧洲学者提出了多种主张，如斯宾塞、卢梭等；他们的主张从某个方面看是正确的，但是作为一个整体来看，它是不完善的，不是那种真理性的东西。诸君如果以为它们完全正确而予以吸取，那是非常危险的。

下面，我想分五条，讲一讲东西方的差异之处。第一，个人生活；第二，教育问题；第三，社会问题；第四，政治问题；

第五，文明。以上五个问题，无论哪个范围都很广，非一晚所能尽述。故今晚我只拣重要的说一说。

首先，我们考察一下个人生活。

作为个人，我们必须首先考虑的是人的生活目的。换言之，即人应该做些什么？什么是人？对此，英国思想家弗劳德说："我们欧洲人，从来没有思考过人是什么？"也就是说，作为一个人，是当一个财主好呢？还是去做一个灵巧的人好呢？关于这个问题，欧洲人没有成型的看法，由此可见，说欧洲人没有正当的人生目标，不是我一个人，欧洲第一流的思想家也持与我同样的意见。

相反，我们东洋人则早已全然领会了人生的目的，那就是"入则孝，出则悌"。即在家为孝子，在国为良民。这就是孔子展示给我们的人生观，也就是对于长者即真正的权威人士必须予以尊敬，并听从他的指挥。"孝悌仁之本"，是中国人的人生观，也是东洋人的人生观。

关于人生观方面，再一个差别就是，欧洲人认为人生的目的在于运动。而我们东洋人认为人生的目的在于生活，西洋人为运动而生活，东洋人则为生活而运动，他们是为赚钱而活着，我们则是为享受人生而创造财富，我们不把金钱本身作为人生的目标，而是为了幸福而活动。孔子说："仁者以财发身，不仁者以身发财。"那意思就是好人为了生活而创造钱财，而恶人则是舍身去赚钱一样。西洋人，尤其是美国人，为了赚钱连命都不要，这就是东西方人的差异之处。也就是说，西洋人贪得无厌不知足，而东洋人则是知足者常乐。为了东西方能真正地走到一起，他们西洋人必须改变自己的做法，而采取我们的办法。

下面谈一下教育。

欧洲的教育目的在于怎样做一个成功的人？怎样做一个能适应社会的人。常常有西洋友人对我说：我们是生活在二十世纪，而你们则由于还在接受十九世纪的教育，所以就无法成功。实际上，我们东洋的教育，不仅能使我们的子弟适应现代社会的生活，而且还能促使现代世界向着更美好的方向发展。孔子说：教育的目的在于称作"大学"的根本之上。那就是"大学之道，在明明德"，也就是发现人们所固有的辨别道德的能力，这就是教育的目的。必须成为一个为社会所推崇的人，成为一个聪慧的人，也就是说，教育的目的，在于为了明德，在于为了创造一个新的更好的社会而培养人才。《大学》中的"作新民"之"民"不是指人民，而是指社会，创造新的更好的社会是高等教育的目的，这才是孔子的本意。诸位，共同努力为创造一个新的世界、新的社会而奋斗，努力做一个更好的法学家，良好的工程师，共同创造出一个美好的社会。

下面再谈谈东西洋教育方法的差异。

在中国，初等教育和高等教育有一个清楚的划线：在初等教育阶段，主要是教孩子们使用他们的记忆力，而不注意让他们使用判断能力。首先让他们通晓祖先留下来的东西，而在西洋，从孩提时代起，就对他们灌输艰深的哲学知识。在中国则是在高等教育阶段方才对学生讲授深奥学问的。我认为这是难能可贵的办法，把像哲学那祥深奥玄虚的东西讲给孩子们听是不合适的。尤其是对女孩子，还是不教为好。

还在爱丁堡做学生的时候，我们曾组织了一个七八人互相钻研、共同进步的学习小组，互相学着写论文。有一回，其中一个人说，这样好的论文是否可以发表？另外一个人反对说，这样的东西不能出版。大家于是就根据这个人的主张，约定四十岁以前不出东西，因为我们必须对我们的问世之作有确切的把握才可，而这在四十岁前是办不到的。

孔子说："四十而不惑。"我是坚决地遵守着这个约定的。我第一部书出版时正值四十一岁。虽然现在日本连中学生都可以出杂志，但我觉得还是禁止为好。

第三，谈一谈东西社会的差异。

东洋的社会，立足于道德基础之上，而西洋则不同，他们的社会是建筑在金钱之上的。换言之，在东洋，人与人之间关系是道德关系，而在西洋则是金钱关系。在东洋，我们注重的是名分。

试想一下，在封建时代，当领主对家臣说："你必须服从我。"而家臣反问"为什么"的时候的情形。那时，领主会很简单地回答道："根据名分，我是你的主人。"如果家臣又问："是什么样的名分？"领主又会回答道："是大义名分。"

然而在现在的日本，暴发户对工人说："你必须服从我！"如果工人反问："为什么？"那时暴发户将回答："是依据名分。"可如果工人再追问："根据什么名分？"暴发户将回答："是金钱名分。"（指金钱关系、财产等级所导致的人与人之间的关系）这不是大义名分。可是在美国，名分完全以金钱为基础。在东洋，人与人之间的关系，实在是神圣的道德关系，夫妻、父子、君臣都是天伦关系。而在美国，人与人之间只是利害关系，人们之间的关系建筑在金钱的基础之上。

而东洋社会则建立在"亲亲、尊尊"这样的两个基础之上，也就是社会亲情和英雄崇拜。我们热爱父母双亲，所以我们服从他们，而我们所以服从比我们杰出的人，是因为他在人格、智德等方面值得我们尊敬：学者同车夫相比，所以比车夫更值得尊敬，是因为学者从事的是脑力劳动，比较艰苦，而车夫从事的是体力劳动，不像脑力劳动者所从事的那样高难。所以，他所受到的尊敬，自然要低得多，假如有这么一个社会，让车夫坐车，而让学者拉车，尊敬车夫而鄙视学者，那么，这社会还成其为社会吗？

现在的中国就有这样的趋势，我们或许当车夫更合算。

如果金钱成为社会的基础，那么，社会就有堕落到这种状态的危险。

《中庸》上说："仁者人也，亲亲为大。义者宜也，尊贤为大。"如同上面所讲的那样，我们服从父母是因为我们热爱父母；我们服从贤者，是因为我们尊敬贤者，这就是东洋社会的基础。

下面谈谈政治。

关于政治，我以为可以分为三阶段。政治的构成是以保护人民的安宁为目的的，在它的初期，文化尚不发达，人民愚昧无知，同小孩相似。那时候为了保证社会的秩序和安宁，换言之，就是针对少数人做坏事该采取怎样的措施？为此统治者说：

"你们不得做坏事，如果做坏事，就要受到神的惩罚。"在中国，这种政治方式被叫作"神道设教"。这便是初期的政治。帝政时期的欧洲是通过基督教来统治人民的。但是，随着文艺复兴运动的兴起，人民日渐觉醒，不再信神了，相应的也就不怕神灵的惩罚了。因此，欧洲的统治阶级，尤其是普鲁士国王，便实行警察统治，依靠警察来保障社会的安宁和秩序。也就是说，文艺复兴之后的欧洲，所行的是强权政治。最近的欧洲大战，就是这种强权政治的结果。这并不是我个人的意见，英国伟大的思想家卡莱尔就说"欧洲社会是混乱加上警察"（即警察统治的无政府社会），他的意思就是说，欧洲政治如果放弃强权，第二天就会乱作一团。

因此，怎样摆脱强权政治，就是战后欧洲所面临的重大问题。

然而，在我们东洋，我们既没有那样的对神的恐惧，也没有对警察的恐惧。那么我们怕什么呢？因为怕什么才维持了我们社会的秩序呢？那就是良心！那就是廉耻和道德观念！正因为忌讳这个，我才不干非礼之事。在中国，归还借的钱，并非因为怕律师，也不是怕法院的追究，不还所借的钱，对自己来说是一种耻辱，是因此而还钱而非为别的。我服从中国的天子并非出于害怕，而是出于尊敬。也就是说，我们遵守的是三纲五常，一旦有了这个，就不用警察了。当然，在中国也并非满街圣人，人人君子，坏人还是有的，所以警察也还是要的。我只是说，一般的纠纷，依据礼义廉耻就可以解决，所以警察用不着那么多。在这一点上，是值得欧洲人好好学习的，而我们则没有向他们学习的必要。

最后，也就是第五，讲讲东西文明的差异。

关于这个，我们得首先考虑一下文明的意思。所谓文明，就是美和聪慧。然而欧洲文明是把制作更好的机器作为自己的目的，而东洋则把教育出更好的人作为自己的目的，这就是东洋文明和西洋文明的差别。常有人说，欧洲文明是物质文明，其实欧洲文明是比物质文明还要次的机械文明。虽然，罗马时代的文明是物质文明，但现在的欧洲文明则是纯粹的机械文明。而没有精神的东西。

举个例子说明一下，比如写东西，西洋人使用打字机，这样，我们所有的表现美的手法，就难以发挥出来。

再一个就是在西洋，连招呼自己家的佣人都用电铃。而在东洋，则打一个手势马上就可以叫来佣人，而这样做要好得多。在日本，现在也开始采用西洋的机械文明了，要想从明天开始就校正它是困难的，但是应该考虑到他们的文明是错误的，我们有必要在一边采用他们的文明的同时，一边要加以修改。如果说，现在无法排除已经从他们那儿学来的机械文明，那么，就不要再增加了。

最后，为了在东京向诸位道别，我还想再说一两句。我在日本所作的讲演中，对日本颇加赞扬，这是我的真正公正的评价，但是一些外国论者歪曲说是对日本人的讨好。实际上我根本没讲讨好日本人的话，如果说讨好，也没有必要讨好日本人，要讨好毋宁讨好中国人，应该拍袁世凯、曹锟的马屁，那样的话，至今我不是大总统也是总理大臣了。因此说我讨好日本人纯粹是诬蔑。我赞扬了日本，因为赞扬也就相应地希望诸位把日本建设得更好。我常说日本人实在是了不起的国民，对于这样赞誉，诸君应该了解到诸位的责任更加重大。

在孔子的书里有这样一句话，叫"责备贤者"。它的意思就是高尚的人，领导社会的人，站在社会前列的人，应负有更大的责任。诸位是社会的指导者，因此诸位不要忘记你们身负有比一般人更重大的责任。

一般的人，即使做了坏事也没什么大害，而有教养的人，引人注目的人，也就是像诸位这样的人，如果做了坏事，那就将给社会带来非常恶劣的影响。我留了这样的辫子，不是出于个人的喜好，而是出于对满洲朝廷的忠节而保留的。切望诸君不要有负于我对日本的称赞，做一个高尚的人。

傅斯年
（1896年—1950年）

要留学英国的人最先要知道的事

1913年傅斯年考入北京大学预科，1916年升入北大文科，1919年大学毕业后考取"庚子赔款"的官费留学生，负笈欧洲，先入英国爱丁堡大学，后转入伦敦大学研究院，研究学习实验心理学、生理学、数学、物理以及勃朗克的量子论等。1923年，入柏林大学，但没有确定自己的专业，而是从人文学院本科一年级读起，旁听物理、数学等课程。1926年冬，应中山大学之聘回国，先后任该校教授、文学院长，兼任中国文学和史学两系主任。

去年夏天，有几位同学写信给我，约我到英国后，把要留学英国所最要先知道的，如生活程度、入学考试等，告他。后来我在山东有朋友嘱托我，看看英国可否实行俭学的事，还有若干人要知道留学英国的情形的。我想，与其分头写信，不如总写在一块，可以写得完全些。而且据我揣想，今夏国内毕业的诸君要出来的必然很多，我写这篇文送给《晨报》登出来，或者是《晨报》的读者所乐闻。

　　既有留学的打算，先要有决心，再要选择国别，再要知道生活上读书上的事，再要知道出来的手续。这么，大略够了。至于要知道某科在哪个学校里最发达，某科中最著名的教授是谁，某校的组织如何，某科的课程如何分配……一切远大无边的问题，除去所有大学与所有学校的事务长集在一起，做一部和《古今图书集成》一般大小的书以外，实无别样办法可以回答。各人所习科目不同，颇不容易"越俎"相告。况且这些事都不是在国内所最要知道的事，到国外后再探访决定不迟。现在专说在国内要知道的事。

第一事是下留学的决心。

这个问题里含着好几层意思。第一是"求学到哪个时候，才有留学的必要"，第二是"留学必备的条件有几"。第一件里有人很反对早留学。这话固然也有道理，但这不过是在教育方针上说话，不是要留学的人所必要知道的。应以何种程度派送，或鼓励或帮助人去留学，言之甚长，我是不主张晚送与严格的，就是主张晚送与严格，这也与有志自费者不相干。我有一篇《留学问题谈》登在《晨报》，固可以翻阅。总而言之，学有规模后出来深造，固好；早早出来，也有特别的利益。程度上不成问题，只看各人的决心与毅力就是了。大学毕了业而后来也好，如此可以节省时间与财力；中学不曾进过而即来也好，如此可以彻底地求学，彻底地探寻欧化。这个问题是有志留学的人对此踌躇满志的，其实不成问题。

第二件却要注意，就是留学必备的条件有几呢？官费便不生经济的问题，自费便要为经济的打算。固然不必有数层保险的周到，也要有点冒险的精神，便也不宜太鲁莽，有旅费便出来，而全不为学费之打算。最少限度以有两年的学费的把握。如此办法，就是不幸两年后无以为继，而迫于回国，而此两年中也可学得不少的事物。

除此不论外，留学必备的条件，积极方面有两个，又有附带的一个，消极方面有一个。积极方面的两个：一个是身体上能耐劳苦，一个是心理上有坚忍性和集中力。附带的一个，是所往国之语言文字略有根底。消极的一个是：不可以留学为宦达之门径。在国外的生活，比在国内的生活刚硬得多。饮食衣服，固不能如在国内之随便，而一切用脚用手的地方，也要比在国内多得多。在国内有一种稀泥一般的软懒生活，在国外可没办法了。有秩序而不能苟率，自己做而不能杀人。没有出门便是的人力车，旅行或迁居时，要自己负荷重载。从在上海上船的时候算起，直到将来回国在上海下船的时候为止，劳力的要求，时时有的。此外生活上、求学上虽有时极有爽快的境界，而劳苦固不可终免。

这是就身体上说。再就精神上说，更须有坚忍性。语言已经不是一件容易的事，专门的学问更不是草率得来的。有志而不能竟其志，立愿而不能赴其愿，都缘心理上不能坚定。大约初到国外，第一件着急的事是语言。因此便要以极短的时间、极少的劳力，收极大的效果。因此便以研究方法为最要，而忘了刻苦用功，结果是一场空想。求时间与劳力的经济固是必要的，但以不耐劳求速效的心理求它，是办不到的。总而言之，学问是刚性的，必须强记强思，强斩截定。必须有眠食俱废、死生皆忘的心理，它才被你征服。

附带的那个条件，有了有很多的方便处；但没有而有上两项的条件，补足也很容易。

消极的条件为什么必要注意呢？一来有了这种利达的心理，心思必是很多的，于是失了精神上的集中力，因此便难得坚忍。而因利达为志，便不以忍苦为当然，非特心理上不能坚定，即身体上亦难得奋斗，有此一条，便把积极的两条一笔勾销。二来因为留学的多了，国人对于留学的人也不如往时之迷信了。以留学达这目的，后来终不免于觉得"万事俱非"，不如及早罢休。我这话原可不必说，不过我在国外的经验，使我不能不这样想呵。

照上文说，这个条件很宽，只是一个纯粹求学的大决心，与坚忍的强意志就够了。才力具备皆不成问题。至于身体康健与否，也不必挂虑。因为强意志可以指挥不康健的身体，如同康健的一般。

第二事是所去国的选择。

这固然是很当注意，而不该随便的事。但果然选择的不尽适宜，也不是没有补救的法子。所谓不尽适宜者，一是自己的性情与所去国的国民性不适；一是自己所要学的学问在所去国里并不最发达。但欧美的文化到现在已是大同的状态，就是不适宜，而以交通灌输得繁杂，所差实是有限，况且一种学问的最深层，谈来亦何容易！中国学子在初来的状况之下，此层还不易产生问题。纵然后来感觉不便，然后转国，而打根基时，在英、法、德、美四国，任何一处都差不甚多。所以据我看来，所去国的选择，不但是语言上的问题居多。就是说曾学过法文的，该往法国去；曾学过德文的，该往德国去；曾学过英文的，该往英、美去。如此办法，是不合理的；但是最重要的，就是因为可以节省出学语言的时间去学学问。要是这三种语言都不曾有根底，那么，比较的以往法国为最方便，德国为次方便，美国我不敢说，英国是很不方便。为什么呢？一来法国人的性情比较地与中国为近。二来在法国人群中，比较地当比在英国的人群中所得为多；因为法国人好把所有的所能的一泄无余，英国人太深沉了。三来英国有工党，便不能如在法之勤工。四来英国生活程度高，学费贵，镑价昂，便难得减学。五来英国颇有阶级性（法国亦然），不能如美国学生之为人服役而取学费。

我道一些话，好像劝人不要到英国来的，其实不然。我不过是就各方面比较一下，说句老实话。现在有许多人，促进中法间的知识关系，这是极好的现象。有的人说："中法间国民性要同的很多，所以留学以法国为最宜。"这话在一种限度之内，我们绝对地承认。但若说得太过度了，而说"拉丁人代表文化，条顿人代表野蛮"。一种限度以内的真实，竟不免被这全称的肯定与否定埋没了。我并且听见过一种极端的主张，说"只有法国可以留学，在别国留学，非特无益，而又有害"，又说"中国要学一种文化，就要为系统之学习，零星乱凑是不成功的"。现在既认定法国文化由中国学来最为方便，便应学法国文化之全部系统，而不宜再去零碎的取别国的，因为不在一个系统之内，不能熔化。这可太过度了。所谓中法间国民性最接近者，乃此时观察所得之假定想，而非实验后之证据。况且所谓不法国民性相同者，张沸泉先生说得好："法国人的毛病，中国人都有；法国人的长处，中国人不大有。"毛病碰到毛病，真可谓"相得益彰"了。用一种国国性比较的相远，而可以纠正毛病的，是不是必要呢？况且中国人的个性是最参差不齐的，地方色彩的分别又很大。内里边先不一致，也很难作为一体，而说与某国一致。所谓中法文化相同者，我本承认，但本不过是泛论的一句话，而且是一句假定的话。细考起来，繁复得很，出入参差得许多。当年的中国维新有主张中国改革的办法，唯一是吸收欧洲的帝国主义化与帝国主义的物质。后来又主张唯一的办法是改革政治。现在这两说都根本失败了。但这两说都是在当时的状况现局之下，造出的一种有一部分的可通的见解。现在的泛法国化主义，虽然就高低上说，远不可与上两项比，但也是在现在的状况之下，造出的一种有一部分可通的见解。至于试验后之结果如何？成效有多少分？所谓相同者，其范围有多大小？此时都不能预定。纵然退一步说，泛法国主义化是决然可信，为此后中国知识界趋向的大本营，但就中国人之多，个性之不同，地方色彩之不同上说，恐怕也有向别国求点补助修正的必要。据我此时粗略设想，中国将业所受的欧化，仍然要成一个自己消化的欧化。其中尽可有一二国的文化分子，比他国的文化分子强些，但决不是个单纯地学那一国。这都是因为中国人的个性不齐一的缘故。

那么，在英国有什么特别的益处没有？据我粗想，也有一两条。文化的进取，本分两个大潮流：一是理想派，我们可以说是大陆派；一是实际派，我们可以说是英美派。这两派是"相得益彰"的。就我个性而论，我很不欢喜后一派。但既为平情之言，即不能不尊重自己以外的道理。在英国留学，短处是思想难得向远处发挥，而满眼所见，皆是些致用的事物。一切事物都不重铺排布置，而但求其有实效。一寸之地、一件织芥的事都要变成有用，收方便的效果而后已。这一种性质自然也是建设新中国很重要的一件德素，可以救中国人的病的。平心而论，中国人的书生气，太轻蔑物质了，经济的观念薄弱，民族的力量断难得强。所恶于今世之工商业者，是因为今世之工商业是私人资本的，而不是合作的。不是说工商业简直不必要，社会主义是去困穷——须赖以全力增加生产额——而不是去财富。这一点是英国比大陆上之法、德占优胜的。我个人的性情最和工商的性质刺谬，但我决不敢以私见抹倒了多面的观察。

以上是以英国与大陆比较而言。如就英国与美国比较，有两件事，英国稍占便宜。第一，英国去欧陆极近，假期便可在欧洲住。英国留学生没有不住过大陆的。人的第一益处，是多见变态。变态见得多，不仅多得若干材料境界，而且可使思想力去单简而为多方面。英国留学生的英语，平均分数恐远不如美国留学生，但兼晓德文、法文之一种或两种者颇不少。第二，英国和中国同是老大国，美国是崭新的国家。英国人惯以迁就的手段为有益人生的建设，如学校，如工场，成就上绝不就简，而建设上力求因陋。这种状况很合中国的现状。如美国之一切崭新、浩大经营者，中国今日如何来得及？第三，英国学校的课程，较为繁重，读书研求的时间很多，学生交际的生活不重。英国人绝少美国人之群性，是其所短；英国人亦不如美国之无意识，是其所长。因为无谓的往远不多，学科的标准颇高，但能奋发力学，所得不能很少。但自制力较薄的人，就这样个人性、放任性的学校似不如就美国之合群性、管理性的学校好些（英国这样严格的、个性的、放任的教育，究竟对不对？另是一问题。这里专就外国人专意求学的方便上立论）。

第三事是略说几个英国的大学。

上文说过，这项是没法说的。现在只好略说一点我知道的就是。牛津与圜桥（编者注：今译剑桥）是两个最老的大学，那些仪式规矩还在中世纪里。但这两校的文学与纯粹科学，别的学校还比不上。教员都是最精深的，设备又最完全、收藏又最富，这两校为人诟病的地方，都因为它陈旧得很。这件事若为他们设想，实有急于改革之必要；但中国人来此求学，正不必定因其陈旧而陈旧。求学问但宜问某学校是否对这一科为最完全，至于思想如何，全是存乎其人的。牛津大学化学教授梭得，思想是最激的。中国大家知道的罗素，现在仍回圜桥为讲师。至于学生中思想激迫的也复很多。我有一层感想，我以为旧学校不害其生新空气不浅。因为学校本旧的过度，而生的反动亦大。是埋没新空气的，是商业性质的学校和肤浅的学校。一个学校这样，一个民族也这样。北大向以陈腐著名的，但当年比北大"漂亮"的学校，后来怎样呢？法国在大革命前是世界最旧的，俄国在大战前也是世界最旧的。但一转之后，为最先进，英国从来不曾旧过，结果是从来不曾新鲜过。

伦敦大学原是因牛津、圜桥的反动而设，空气自比牛津、圜桥新得多。文、理、经济、医、工都好。因为它的历史不过百年，所以建设上当然不如牛津、圜桥的完备，但也有专长的科目，而各科教授也是第一等的学者。学文理科，而因经济上的问题，不能往牛津、圜桥，最好是在伦敦。又伦敦之经济学校，是世界著名的；而伦敦之帝国理工学校，也很著名。

伦敦比牛津、圜桥的优点有数项：一无宗教上之约束，二无古典主义。但若在牛津、圜桥专寻学问不问学位，则宗教之仪式，与拉丁、希腊及英国古文之骚扰，妨害不到自己。且宗教之仪式亦不过是具文而已。

满查斯特（编者注：今译曼彻斯特）与葛拉斯哥（编者注：今译格拉斯哥）与伯明翰是有新空气的，工科与教育科最著名。爱丁堡的空气据说颇旧，但医科最著名，我对这个大学不很知道。

入学校不必问其学校全体之大小如何，但问我所学之科在某个学校最发达而已。常有小大学里，于某一科最发达，所聘之教员为最高等，故不能以学校为断。中国留英学生，以在爱丁堡、葛拉斯哥、阿伯丁、里兹、圜桥、伦敦者居多。工科以北美与南苏格兰为最发达，故中国学生往之者多。

第四事是用费。

这是因人而言的，但平均计算，也可略说一二。在牛津、圜桥可以花很多的钱。最俭大约三百六十镑可以够了；若做Non-Collegiate学生，听说三百镑也就够了（Non-Collegiate学生于读书上无不利，和Collegiate一样）。伦敦大学的最廉的是文科，每年约三十镑；最贵的是工科，每年约五十镑。此外各学校的学费不等，以苏格兰为最廉，北英次之，南英颇昂。兹举其最廉最昂，而分列之：

文科：每年由八镑至三十镑。

理科：每年由十五镑至五十镑。

法商经济科：每年由八镑至三十镑。

医科：每年由十五镑至五十镑。

工科：每年由二十镑至五十镑。其间差别很多，但如法国学费之轻，乃极少有。

贵价学校未必就是最好的。

至于一切用费，总合起来说，在伦敦住，每月二十镑，一切在内，为节俭而无害身体之限度，最少每年二百镑；再少就不能入大学了。在外省也差不多，苏格兰与北英之较廉者，因为学费少，生活程度都差不多；也有一百五十镑在伦敦敷衍过者，但理工科则绝不可能，又须是身体素健最能耐苦的人。

总之，如来英国，然后预备入大学，在预备期中，每月十镑已足。如在中国，学已有本源，来此舍大学而入研究班，十五镑一月已足。最贵的是大学时代。

问在英俭学怎么样？我固不能说绝对不可能，但情形不如法国处正多。第一是英国学费重，没有学校不是商业性质的。法国的国立大学学费极廉，且有不取学位便不用学费者。第二，英国战后损失较少，镑价高于法郎。生活程度既高，兑换上又不如法郎便宜。

第五事是入学试验。

如有在中学毕业的文凭与科目分数单，在苏格兰与北英、西英各大学，可免入学试验之一部。但英文永远不能免的，如有在大学或国立专门之毕业文凭，可兼免第一学年之一部或全部。牛津、圜桥、伦敦三校是不能免的，而伦敦一校之入学考试尤其琐碎。他校考英文，每指定若干书。伦敦专好出小题目，又没有范围、科学之科目，偶然还要问科学历史题。

大约各校入学考试所需要者为四种或五种。

（一）英文：须以方法熟习，行文明白，稍读数种文学书为合格（英文学史亦宜稍知）。

（二）数学：范围与我国中学毕业程度相等，但是要熟习的。

（三）外国语：以能与英文对译为合格，但几乎所有各大学皆许以中文代替，故此层可无虑。

（四）（五）两种文艺，或两种科学，均可。程度不必深，但须熟习。

这样看来，这入学考试是不必怕的。这些功课，我们并不是为考试而学，实在是为就业求学上作计。这类根本知识，不可不有。

（四）（五）的选择，如系学文、法的人，近代史或英国史、地理等选择来很好。如系学科学的人，应该就其所志以定选择。

我有几句话附带说一下。如是中学的科目不甚熟习的人，切不可急于入大学，因为就学问上说起，预备入大学的功课，比大学本身的功课还为要紧。英文熟习，一切方便。如是在中国大学已经毕业了的，切不可随便舍大学本级而入研究班。中国大学的程度，实在比国外差得多。还是要从根基上下手为好。如入大学，除非有特别情形，切不可随便选几科学去，要以入正级为宜。一来如此学有系统。二来有约束，便少中途懈怠的危险。如欲终身为学问的人，那么，大学三年不过是个始基，尤其是要建筑得结结实实的。总而言之，不慕速成，专求实效。

在国内预备，要留心上文所说，入学考试几样。在国外预备，此处可不必说了。

第六事是出来时之准备。

不消说得第一项要计划的是学费与川资。这项有头绪了，就要定船。现在定船颇不容易，所以是越早越好。上海的朱少屏先生是最热心为人尽力的，以这事托他，最为妥当。其次就是护照，在北京向外交部办，在上海向交涉署办。

最要紧的是治装，必要的物件如下：

（一）深色薄哔叽或相等材料之衣服一套。

（二）白布衣两套（因船行热带之故）。

（三）棕色或黑色雨衣一件，不可如中国式，使它下面极长。材料用橡皮布、棉麻物即可。式样以不甚长而有束带者为相宜。如能做好的，兼为春秋大衣之用，固为方便，但取价恐不免稍昂。

（四）竹布衬衫三件以上。

（五）半打领子。

（六）草帽一顶。

（七）里衣上下身各半打（棉制者即可）。

（八）深口黑色皮鞋一双。

（九）中国鞋一双（拖鞋用）。

（十）皮腰带一、或□□带一。

（十一）手绢至少一打。

（十二）手包一个。

（十三）衣服书籍箱子一个，一切须坚固，切不可随便用中国皮箱（但木制束铁筋者即可，不必用全皮的）。

（十四）所有扣带等零件以两套为宜，因认备遗失。

（十五）牙刷、牙粉、剃面刀、束头器之类。

（十六）稍带助消化剂、泻剂、安眠剂之类。

有几件要注意的事！

（一）切不可多做衣服、多买东西。有人说，现在西洋物价贵，所以是在中国办好。这是不尽然的。西洋物价之贵，敌不上金价之贱。就是金价涨至六元，在西洋治装，还要比在中国贱四分之一。况且这些东西都是西洋出产，运到中国，决无更贱之理。所以有人说在中国办为相应的缘故如下。在西洋住惯了的人，觉得一镑很贵，当年一镑十二元的观念未改，故见中国的市价以为很贱，而不知银价是大涨了（在中国初来的人，又另有四元一镑的观念，所认花金镑很随便，又犯了不忘旧观念的毛病）。有一位北京的阔部员在北京治装，用去千二百元，到英、法后，一算计，只需五百元就可在英、法做成了。

（二）我上文所说的只是应出国时之用，到英国后还要添补才够（须费三十镑）。

（三）切不可带些无聊的中国书、外国书。

（四）治装时与沿路用费，愈节省愈好。在省出钱来，达所抵地后，可以多买书看。但中国影印的古画之类，倒不妨带，可破旅居之寂寞。

此外，还有几件要知道的。

如有朋友在英国，最好是先期写信给他，说明要学的科目，他自当代你调查。无如朋友，可写信给留英中国学生总会，他们是最乐意为人帮忙的。

知道自己的船名了，便要把船名公司名与下岸地点，与约计之日期，写信告留英中国学生会书记。如在伦敦或其他有中国人的口岸，自然有人先时打听清楚，几时船进口岸，而去招待。

　　这些如托私人的朋友，固然很好，但有几层要注意的：一是朋友的住址容或改过，信寄不到；二是朋友或不在所下船之处；三，如本不识此人，而由朋友介绍，在介绍的人当然熟识，但他介绍及的人，未必好办这些事。所以于写信给朋友之外，还以面托学生会为最稳当。

　　下船的地方，以伦敦居多。如所搭系商船，或在利物浦、牛加苏下船。在伦敦上岸毫无问题，只需船将到岸前两三天，追一无线电至学生会，告以船到岸期，便毫无问题了。若不在伦敦上岸，那么，最好是下船时就决定几时赴伦敦，然后或住栈房，或不住栈房，查明火车时间与抵伦之站名，拍一电致学会，自有人往接。学会的住址如下：

Chinese Student Union.

36.Bernard Street

Russell Square

London.W.C.L.

England

如绕道法国来，可于巴黎少住。

沿路各埠，风景绝好，不可不看，但不要忘了回船的路，不要误了开船的时期。这话其实不必说，但我亲见中国人因此大吃其苦。

一切的事要请一位曾留英国的做顾问。

一切礼节事项，可参看出版的 *Information for Chinese Students Going to U.S.A*，这本小册子很有用处。

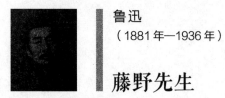

鲁迅
（1881 年—1936 年）

藤野先生

　　1902 年 4 月，入日本东京弘文学院补习日语。1904 年入仙台医学专门学校（现东北大学）学医，两年后弃医从文，想以改变国民精神入手，挽救民族危亡。1906 年到东京开始文学活动，翻译介绍外国文学作品，并写出《文化偏至论》等一系列论文。1909 年 8 月，与其弟周作人一起回国。

东京也无非是这样。上野的樱花烂漫的时节，望去确也像绯红的轻云，但花下也缺不了成群结队的"清国留学生"的速成班，头顶上盘着大辫子，顶得学生制帽的顶上高高耸起，形成一座富士山。也有解散辫子，盘得平的，除下帽来，油光可鉴，宛如小姑娘的发髻一般，还要将脖子扭几扭。实在标致极了。

　　中国留学生会馆的门房里有几本书买，有时还值得去一转；倘在上午，里面的几间洋房里倒也还可以坐坐的。但到傍晚，有一间的地板便常不免要咚咚咚地响得震天，兼以满房烟尘斗乱；问问精通时事的人，答道："那是在学跳舞。"

　　到别的地方去看看，如何呢？

我就往仙台的医学专门学校去。从东京出发，不久便到一处驿站，写道：日暮里。不知怎的，我到现在还记得这名目。

其次却只记得水户了，这是明的遗民朱舜水先生客死的地方。仙台是一个市镇，并不大，冬天冷得厉害，还没有中国的学生。

　　大概是物以稀为贵罢。北京的白菜运往浙江，便用红头绳系住菜根，倒挂在水果店头，尊为"胶菜"；福建野生着的芦荟，一到北京就请进温室，且美其名曰"龙舌兰"。我到仙台也颇受了这样的优待，不但学校不收学费，几个职员还为我的食宿操心。我先是住在监狱旁边一个客店里的，初冬已经颇冷，蚊子却还多，后来用被盖了全身，用衣服包了头脸，只留两个鼻孔出气。在这呼吸不息的地方，蚊子竟无从插嘴，居然睡安稳了。饭食也不坏。但一位先生却以为这客店也包办囚人的饭食，我住在那里不相宜，几次三番、几次三番地说。我虽然觉得客店兼办囚人的饭食和我不相干，然而好意难却，也只得别寻相宜的住处了。于是搬到别一家，离监狱也很远，可惜每天总要喝难以下咽的芋梗汤。

　　从此就看见许多陌生的先生，听到许多新鲜的讲义。解剖学是两个教授分任的。最初是骨学。其时进来的是一个黑瘦的先生，八字须，戴着眼镜，挟着一叠大大小小的书。一将书放在讲台上，便用了缓慢而很有顿挫的声调，向学生介绍自己道：

　　"我就是叫作藤野严九郎的……"

后面有几个人笑起来了。他接着便讲述解剖学在日本发达的历史，那些大大小小的书，便是从最初到现今关于这一门学问的著作。起初有几本是线装的；还有翻刻中国译本的，他们的翻译和研究新的医学，并不比中国早。

那坐在后面发笑的是上学年不及格的留级学生，在校已经一年，掌故颇为熟悉的了。他们便给新生讲演每个教授的历史。这藤野先生，据说是穿衣服太模糊了，有时竟会忘记带领结；冬天是一件旧外套，寒颤颤的，有一回上火车去，致使管车的疑心他是扒手，叫车里的客人大家小心些。

他们的话大概是真的，我就亲见他有一次上讲堂没有带领结。

过了一星期，大约是星期六，他使助手来叫我了。到得研究室，见他坐在人骨和许多单独的头骨中间——他其时正在研究着头骨，后来有一篇论文在本校的杂志上发表出来。

"我的讲义，你能抄下来么？"他问。

"可以抄一点。"

"拿来我看！"

我交出所抄的讲义去，他收下了，第二三天便还我，并且说，此后每一星期要送给他看一回。我拿下来打开看时，很吃了一惊，同时也感到一种不安和感激。原来我的讲义已经从头到末都用红笔添改过了，不但增加了许多脱漏的地方，连文法的错误，也都一一订正。这样一直继续到教完了他所担任的功课：骨学、血管学、神经学。

可惜我那时太不用功，有时也很任性。还记得有一回藤野先生将我叫到他的研究室里去，翻出我那讲义上的一个图来，是下臂的血管，指着，向我和蔼地说道：

"你看，你将这条血管移了一点位置了。——自然，这样一移，的确比较的好看些，然而解剖图不是美术，实物是那么样的，我们没法改换它。现在我给你改好了，以后你要全照着黑板上那样的画。"

但是我还不服气，口头答应着，心里却想道：

"图还是我画得不错；至于实在的情形，我心里自然记得的。"

学年试验完毕之后，我便到东京玩了一夏天，秋初再回学校，成绩早已发表了，同学一百余人之中，我在中间，不过是没有落第。这回藤野先生所担任的功课，是解剖实习和局部解剖学。

解剖实习了大概一星期，他又叫我去了，很高兴地，仍用了极有抑扬的声调对我说道：

"我因为听说中国人是很敬重鬼的，所以很担心，怕你不肯解剖尸体。现在总算放心了，没有这回事。"

但他也偶有使我很为难的时候。他听说中国的女人是裹脚的，但不知道详细，所以要问我怎么裹法，足骨变成怎样的畸形，还叹息道："总要看一看才知道。究竟是怎么一回事呢？"

有一天，本级的学生会干事到我寓里来了，要借我的讲义看。我检出来交给他们，却只翻检了一通，并没有带走。但他们一走，邮差就送到一封很厚的信，拆开看时，第一句是：

"你改悔罢！"

这是《新约》上的句子罢，但经托尔斯泰新近引用过的。其时正值日俄战争，托老先生便写了一封给俄国和日本的皇帝的信，开首便是这一句。日本报纸上很斥责他的不逊，爱国青年也愤然，然而暗地里却早受了他的影响了。其次的话，大略是说上年解剖学试验的题目，是藤野先生讲义上做了记号，我预先知道的，所以能有这样的成绩。末尾是匿名。

我这才回忆到前几天的一件事。因为要开同级会，干事便在黑板上写广告，末一句是"请全数到会勿漏为要"，而且在"漏"字旁边加了一个圈。我当时虽然觉得圈得可笑，但是毫不介意，这回才悟出那字也在讥刺我了，犹言我得了教员漏泄出来的题目。

我便将这事告知了藤野先生；有几个和我熟识的同学也很不平，一同去诘责干事托辞检查的无礼，并且要求他们将检查的结果发表出来。终于这流言消灭了，干事却又竭力运动，要收回那一封匿名信去。结果是我便将这托尔斯泰式的信退还了他们。

中国是弱国，所以中国人当然是低能儿，分数在六十分以上，便不是自己的能力了，也无怪他们疑惑。但我接着便有参观枪毙中国人的命运了。第二年添教霉菌学，细菌的形状是全用电影来显示的，一段落已完而还没有到下课的时候，便影几片时事的片子，自然都是日本战胜俄国的情形。但偏有中国人夹在里边：给俄国人做侦探，被日本军捕获，要枪毙了，围着看的也是一群中国人；在讲堂里的还有一个我。

"万岁！"他们都拍掌欢呼起来。

这种欢呼，是每看一片都有的，但在我，这一声却特别听得刺耳。此后回到中国来，我看见那些闲看枪毙犯人的人们，他们也何尝不酒醉似的喝彩——呜呼，无法可想！但在那时那地，我的意见却变化了。

到第二学年的终结，我便去寻藤野先生，告诉他我将不学医学，并且离开这仙台。他的脸色仿佛有些悲哀，似乎想说话，但竟没有说。

"我想去学生物学，先生教给我的学问，也还有用的。"其实我并没有决意要学生物学，因为看得他有些凄然，便说了一个安慰他的谎话。

"为医学而教的解剖学之类，怕于生物学也没有什么大帮助。"他叹息说。

将走的前几天，他叫我到他家里去，交给我一张照相，后面写着两个字道"惜别"，还说希望将我的也送他。但我这时适值没有照相了；他便叮嘱我将来照了寄给他，并且时时通信告诉他此后的状况。

我离开仙台之后，就多年没有照过相，又因为状况也无聊，说起来无非使他失望，便连信也怕敢写了。经过的年月一多，话更无从说起，所以虽然有时想写信，却又难以下笔，这样的一直到现在，竟没有寄过一封信和一张照片。从他那一面看起来，是一去之后，杳无消息了。

但不知怎地，我总还时时记起他，在我所认为我师的之中，他是最使我感激、给我鼓励的一个。有时我常常想：他的对于我的热心的希望，不倦的教诲，小而言之，是为中国，就是希望中国有新的医学；大而言之，是为学术，就是希望新的医学传到中国去。他的性格，在我的眼里和心里是伟大的，虽然他的姓名并不为许多人所知道。

他所改正的讲义，我曾经订成三厚本，收藏着的，将作为永久的纪念。不幸七年前迁居的时候，中途毁坏了一口书箱，失去半箱书，恰巧这讲义也遗失在内了。责成运送局去找寻，寂无回信。只有他的照相至今还挂在我北京寓居的东墙上，书桌对面。每当夜间疲倦，正想偷懒时，仰面在灯光中瞥见他黑瘦的面貌，似乎正要说出抑扬顿挫的话来，便使我忽又良心发现，而且增加勇气了，于是点上一支烟，再继续写些为"正人君子"之流所深恶痛疾的文字。

蒋梦麟
（1886年—1964年）

负笈西行

　　1908年8月赴美留学。1909年2月，入加州大学伯克利分校，先习农学，后转学教育。1912年毕业，随后赴纽约哥伦比亚大学研究院，师从实用主义哲学家杜威，攻读哲学和教育学。1917年3月，获得哥伦比亚大学博士学位。回国后，在商务印书馆担任《教育杂志》编辑和《新教育》杂志主编，并协助孙中山先生制定实业计划。

我拿出一部分钱，买了衣帽杂物和一张往旧金山的头等船票，其余的钱就以两块墨西哥鹰洋对一元美金的比例兑取美钞。上船前，找了一家理发店剪去辫子。理发匠举起利剪，抓住我的辫子时，我简直有上断头台的感觉，全身汗毛直竖。咔嚓两声，辫子剪断了，我的脑袋也像是随着剪声落了地。理发匠用纸把辫子包好还给我。上船后，我把这包辫子丢入大海，让它随波逐浪而去。

　　我拿到医生证明书和护照之后，到上海的美国总领事馆请求签证，按照移民条例第六节规定，申请以学生身份赴美。签证后买好船票，搭乘美国邮船公司的轮船往旧金山。那时是一九〇八年八月底。同船有十来位中国同学。邮船启碇，慢慢驶离祖国海岸，我的早年生活也就此告一段落。在上船前，我曾经练了好几个星期的秋千，所以在二十四天的航程中，一直没有晕船。

这只邮船比我前一年赴神户时所搭的那艘日本轮船远为宽大豪华。船上最使我惊奇的事是跳舞。我生长在男女授受不亲的社会里，初次看到男女相偎相依、婆娑起舞的情形，觉得非常不顺眼。旁观了几次之后，我才慢慢开始欣赏跳舞的优美。

船到旧金山，一位港口医生上船来检查健康，对中国学生的眼睛检查得特别仔细，唯恐有人患砂眼。

我上岸时第一个印象是移民局官员和警察所反映的国家权力。美国这个共和政体的国家，她的人民似乎比君主专制的中国人民更少个人自由，这简直弄得我莫名其妙。我们在中国时，天高皇帝远，一向很少感受国家权力的拘束。

我们在旧金山逗留了几个钟头，还到唐人街转了一趟。我和另一位也预备进加州大学的同学，由加大中国同学会主席领路到了卜技利。晚饭在夏德克路的天光餐馆吃，每人付两角五分钱，吃的有汤、红烧牛肉、一块苹果饼和一杯咖啡。我租了班克洛夫路的柯尔太太的一间房子。柯尔太太已有相当年纪，但是很健谈，对中国学生很关切。她吩咐我出门以前必定要关灯；洗东西以后必定要关好自来水龙头；花生壳决不能丢到抽水马桶里；银钱决不能随便丢在桌子上；出门时不必锁门；如果我愿意锁门，就把钥匙留下藏在地毯下面。她说："如果你需要什么，你只管告诉我就是了。我很了解客居异国的心情。你就拿我的家当自己的家好了，不必客气。"随后她向我道了晚安才走。

到卜技利（编者注：今译伯克利）时，加大秋季班已经开学，因此我只好等到春季再说。我请了加大的一位女同学给我补习英文，学费每小时五毛钱。这段时间内，我把全部精力花在英文上。每天早晨必读旧金山纪事报，另外还订了一份《展望》（*The Outlook*）周刊，作为精读的资料。《韦氏大学字典》一直不离手，碰到稍有疑问的字就打开字典来查，四个月下来，居然词汇大增，读报纸、杂志也不觉得吃力了。

初到美国时，就英文而论，我简直是半盲、半聋、半哑。如果我希望能在学校里跟得上功课，这些障碍必须先行克服。头一重障碍，经过四个月的不断努力，总算大致克服了，完全克服它也不过是时间问题而已。第二重障碍要靠多听人家谈话和教授讲课才能慢慢克服。教授讲课还算比较容易懂，因为教授们的演讲，思想有系统，语调比较慢，发音也清晰。普通谈话的范围比较广泛，而且包括一连串互不衔接而且五花八门的观念，要抓住谈话的线索颇不容易。到剧院去听话剧对白，其难易则介于演讲与谈话之间。

最困难的是克服开不得口的难关。一主要的原因是我在中国时一开始就走错了路。错误的习惯已经根深蒂固，必须花很长的时间才能矫正过来。其次是我根本不懂语音学的方法，单凭模仿，不一定能得到准确的发音。因为口中发出的声音与耳朵听到的声音之间，以及耳朵与口舌之间，究竟还有很大的差别。耳朵不一定能够抓住正确的音调，口舌也不一定能够遵照耳朵的指示发出正确的声音。此外，加利福尼亚这个地方对中国人并不太亲热，难得使人不生身处异地、万事小心的感觉。我更特别敏感，不敢贸然与美国人厮混，别人想接近我时，我也很怕羞。许多可贵的社会关系都因此断绝了。语言只有多与人接触才能进步，我既然这样故步自封，这方面的进步自然慢之又慢。后来我进了加大，这种口语上的缺陷严重地影响了我在课内课外参加讨论的机会。有人问我问题时，我常常是脸一红，头一低，不知如何回答。教授们总算特别客气，从来不勉强我回答任何问题。也许他们了解我处境的窘困，也许是他们知道我是外国人，所以特别加以原谅。无论如何，他们知道，我虽然噤若寒蝉，对功课仍旧很用心，因为我的考试成绩多半列在乙等以上。

日月如梭，不久圣诞节就到了。圣诞前夕，我独自在一家餐馆里吃晚餐。菜比初到旧金山那一天好得多，花的钱，不必说，也非那次可比。饭后上街闲游，碰到没有拉起窗帘的人家，我就从窗户眺望他们欢欣团聚的情形。每户人家差不多都有满饰小电灯或蜡烛的圣诞树。

大除夕，我和几位中国同学从卜技利渡海到旧金山。从渡轮上可以远远地看到对岸的钟楼装饰着几千盏电灯。上岸后，发现旧金山到处人山人海。码头上候船室里的自动钢琴震耳欲聋。这些钢琴只要投下一枚镍币就能自动弹奏。我随着人潮慢慢地在大街上闲逛，耳朵里满是小喇叭和小鼗鼓的噪音，玩喇叭和鼗鼓的人特别喜欢凑着漂亮的太太小姐们的耳朵开玩笑，这些太太小姐们虽然耳朵吃了苦头，但仍然觉得这些玩笑是一种恭维，因此总是和颜悦色地报以一笑。空中到处飘扬着五彩纸条，有的甚至缠到人们的颈上。碎花纸像彩色的雪花飞落在人们的头上。我转到唐人街，发现成群结队的人在欣赏东方色彩的橱窗装饰。噼噼啪啪的鞭炮声，使人觉得像在中国过新年。

午夜钟声一响，大家一面提高嗓门大喊"新年快乐！"一面乱揿汽车喇叭或者大摇响铃。五光十色的纸条片更是漫天飞舞。这是我在美国所过的第一个新年。美国人的和善和天真好玩使我留下深刻的印象。在他们的欢笑嬉游中可以看出美国的确是个年轻的民族。

那晚回家时已经很迟，身体虽然疲倦，精神却很轻松，上床后一直睡到第二天日上三竿起身。早饭后，我在卜技利的住宅区打了个转。住宅多半沿着徐缓的山坡建筑，四周则围绕着花畦和草地。玫瑰花在加州温和的冬天里到处盛开着，卜技利四季如春，通常长空蔚蓝不见朵云，很像云南的昆明、台湾的台南，而温度较低。

新年之后，我兴奋地等待着加大第二个学期在二月间开学。心中满怀希望，我对语言的学习也加倍努力。快开学时，我以上海南洋公学的学分申请入学，结果获准进入农学院，以中文学分抵补了拉丁文的学分。

我过去的准备工作偏重文科方面，结果转到农科，我的动机应该在这里解释一下。我转农科并非像有些青年学生听天由命那样的随便，而是经过深思熟虑才慎重决定的。我想，中国既然以农立国，那么只有改进农业，才能使最大多数的中国人得到幸福和温饱。同时我幼时在以耕作为主的乡村里生长，对花草树木和鸟兽虫鱼本来就有浓厚的兴趣。为国家，为私人，农业都似乎是最合适的学科。此外我还有一个次要的考虑，我在孩提时代身体一向羸弱，我想如果能在田野里多接触新鲜空气，对我身体一定大有裨益。

第一学期选的功课是植物学、动物学、生理卫生、英文、德文和体育。除了体育是每周六小时以外，其余每科都是三小时。我按照指示到大学路一家书店买教科书。我想买植物学教科书时，说了半天店员还是听不懂，后来我只好用手指指书架上那本书，他才恍然大悟。原来植物学这个名词的英文字（botany）重音应放在第一音节，我却把重音念在第二音节上去了。经过店员重复一遍这个字的读音以后，我才发现自己的错误。买了书以后心里很高兴，既买到书，同时又学会一个英文字的正确发音，真是一举两得。后来教授要我们到植物园去研究某种草木，我因为不知道植物园（Botanical Garden）在哪里，只好向管清洁的校工打听。念到植物园的植物这个英文字时，我自作聪明把重音念在第一音节上，我心里想，"植物学"这个英文字的重音既然在第一音节上，举一反三，"植物园"中"植物"一字的重音自然也应该在第一音节上了。结果弄得那位工友瞠目不知所答。我只好重复了一遍，工友揣摩了一会之后才恍然大悟。原来是我举一反三的办法出了毛病，"植物（的）"这个字的重音却应该在第二音节上。

可惜当时我还没有学会任何美国的俚语村言，否则恐怕"他×的"一类粗话早已脱口而出了。英文重音的捉摸不定曾经使许多学英文的人伤透脑筋。固然重音也有规则可循，但是每条规则总有许多例外，以致例外的反而成了规则。因此每个字都得个别处理，要花很大工夫才能慢慢学会每个字的正确发音。

植物学和动物学引起我很大的兴趣。植物学教授在讲解显微镜用法时曾说过笑话："你们不要以为从显微镜里可以看到大如巨象的苍蝇。事实上，你们恐怕连半只苍蝇腿都看不到呢！"

我在中国读书时，课余之暇常常喜欢研究鸟兽虫鱼的生活情形，尤其在私塾时代，一天到晚死背枯燥乏味的古书，这种肤浅的自然研究正可调节一下单调的生活，因而也就慢慢培养了观察自然的兴趣，早年的即兴观察和目前对动植物学的兴趣，有一个共通的出发点——好奇，最大的差别在于使用的工具。显微镜是眼睛的引申，可以使人看到肉眼无法辨别的细微物体。使用显微镜的结果，使人发现多如繁星的细菌。望远镜是眼睛的另一种引申，利用望远镜可以观察无穷无数的繁星。我渴望到黎克天文台去见识见识世界上最大的一具望远镜，但是始终因故不克遂愿。后来花了二毛五分钱，从街头的一架望远镜去眺望行星，发现银色的土星带着耀目的星环，在蔚蓝的天空中冉冉移动，与学校里天体挂图上所看到的一模一样。当时的经验真是又惊又喜。

在农学院读了半年，一位朋友劝我放弃农科之类的实用科学，另选一门社会科学。他认为农科固然重要，但是还有别的学科对中国更重要。他说，除非我们能参酌西方国家的近代发展来解决政治问题和社会问题，那么农业问题也就无法解决。其次，如果不改修社会科学，我的眼光可能就局限于实用科学的小圈子，无法了解农业以外的重大问题。

我曾经研究过中国史，也研究过西洋史的概略，对各时代各国国力消长的情形有相当的了解，因此对于这位朋友的忠告颇能领略。他的话使我一再考虑，因为我已再度面临三岔路口，迟早得有个决定。我曾经提到，碰到足以影响一生的重要关头，我从不轻率做任何决定。

一天清早，我正预备到农场看挤牛奶的情形，路上碰到一群蹦蹦跳跳的小孩子去上学。我忽然想起：我在这里研究如何培育动物和植物，为什么不研究研究如何作育人才呢？农场不去了，一直跑上卜技利的山头，坐在一棵古橡树下，凝望着旭日照耀下的旧金山和金门港口的美景。脑子里思潮起伏，细数着中国历代兴衰的前因后果。忽然之间，眼前恍惚有一群天真烂漫的小孩，像凌波仙子一样从海湾的波涛中涌出，要求我给他们读书的学校，于是我毅然决定转到社会科学学院，选教育为主科。

从山头跑回学校时已近晌午，我直跑到注册组去找苏顿先生，请求从农学院转到社会科学学院。经过一番诘难和辩解，转院总算成功了。从一九○九年秋天起，我开始选修逻辑学、伦理学、心理学和英国史，我的大学生涯也从此步入正途。

岁月平静而愉快地过去，时间之沙积聚的结果，我的知识也在大学的学术气氛下逐渐增长。

从逻辑学里我学到思维是有一定的方法的。换一句话说，我们必须根据逻辑方法来思考。观察对于归纳推理非常重要，因此我希望训练自己的观察能力。我开始观察校园之内，以及大学附近所接触到的许许多多事物。母牛为什么要装铃？尤加利树的叶子为什么垂直地挂着？加州的罂粟花为什么都是黄的？

有一天早晨，我沿着卜技利的山坡散步时，发现一条水管正在汩汩流水。水从哪里来的呢？沿着水管找，终于找到了水源，我的心中也充满了童稚的喜悦。这时我已到了相当高的山头，我很想知道山岭那一边究竟有些什么。翻过一山又一山，发现这些小山简直数不胜数。越爬越高，而且离住处也越来越远。最后只好放弃初衷，沿着一条小路回家。归途上发现许多农家，还有许多清澈的小溪和幽静的树林。

这种漫无选择的观察，结果自然只有失望。最后我终于发现，观察必须有固定的对象和确切的目的，不能听凭兴之所至乱观乱察。天文学家观察星球，植物学家则观察草木的生长。后来我又发现另外一种称为实验的受控制的观察，科学发现就是由实验而来的。

念伦理学时，我学到道德原则与行为规律的区别。道德原则可以告诉我们，为什么若干公认的规律切合某阶段文化的需要；行为规律只要求大家遵守，不必追究规律背后的原则问题，也不必追究这些规律与现代社会的关系。

在中国，人们的生活是受公认的行为规律所规范的。追究这些行为规律背后的道德原则时，我的脑海里马上起了汹涌的波澜。一向被认为最终真理的旧有道德基础，像遭遇地震一样开始摇摇欲坠。同时，赫利·奥佛斯屈里特（Harry Overstreet）教授也给了我很大的启示。传统的教授通常只知道信仰公认的真理，同时希望他的学生们如此做。奥佛斯屈里特教授的思想却特别敏锐，因此促使我探测道德原则的基石上的每一裂缝。我们上伦理学课，总有一场热烈的讨论。我平常不敢参加这些讨论，一方面由于我英语会话能力不够，另一方面是由于自卑感而来的怕羞心理。因为一九〇九年前后是中国现代史上最黑暗的时期，而且我们对中国的前途也很少自信。虽然不参加讨论，听得却很用心，很像一只聪明伶俐的小狗竖起耳朵听它主人说话，意思是懂了，嘴巴却不能讲。

我们必须读的参考书包括柏拉图、亚里士多德、约翰福音和奥里留士等。念了柏拉图和亚里士多德之后，使我对希腊人穷根究底的头脑留有深刻的印象。我觉得四书富于道德的色彩，希腊哲学家却洋溢着敏锐的智慧。这印象使我后来研究希腊史，并且做了一次古代希腊思想和中国古代思想的比较研究。研究希腊哲学家的结果，同时使我了解希腊思想在现代欧洲文明中所占的重要地位，以及希腊文被认为自由教育不可缺少的一部分的原因。

读了《约翰福音》之后，我开始了解耶稣所宣扬的爱的意义。如果撇开基督教的教条和教会不谈，这种"爱敌如己"的哲学，实在是最高的理想。如果一个人真能爱敌如己，那么世界上也就不会再有敌人了。

"你们能够做到爱你们的敌人吗？"教授向全班发问，没有人回答。

"我不能够。"那只一直尖起耳朵谛听的狗吠了。

"不能够？"教授微笑着反问。

我引述了孔子所说的"以直报怨，以德报德"作答。教授听了以后插嘴说："这也很有道理啊，是不是？"同学们没有人回答。下课后一位年轻的美国男同学过来拍拍我的肩膀说："爱敌如己！吹牛，是不是？"

奥里留士的言论很像宋朝哲学家。他沉思默想的结果，发现理智是一切行为的准则。如果把他的著述译为中文，并把他与宋儒相提并论，很可能使人真伪莫辨。

对于欧美的东西，我总喜欢用中国的尺度来衡量。这就是从已知到未知的办法。根据过去的经验，利用过去的经验获得新经验也就是获得新知识的正途。譬如说，如果一个小孩从来没有见过飞机，我们可以解释给他听，飞机像一只飞鸟，也像一只长着翅膀的船，他就会了解飞机是怎么回事。如果一个小孩根本没有见过鸟或船，使他了解飞机可就不容易了。一个中国学生如果要了解西方文明，也只能根据他对本国文化的了解。

他对本国文化的了解愈深，对西方文化的了解愈易，根据这种推理，我觉得自己在国内求学时，常常为读经史子集而深夜不眠，这种苦功总算没有白费，我现在之所以能够吸收、消化西洋思想，完全是这些苦功的结果。我想，我今后的工作就是找出中国究竟缺少些什么，然后向西方吸收所需要的东西。心里有了这些观念以后，我渐渐增加了自信，减少了羞怯，同时前途也显得更为光明。

我对学问的兴趣很广泛，选读的功课包括上古史、英国史、哲学史、政治学，甚至译为英文的俄国文学。托尔斯泰的作品更是爱不释手，尤其是《安娜·卡列尼娜》和《战争与和平》。我参加过许多著名学者和政治家的公开演讲会，听过桑太耶那、泰戈尔、大卫、斯坦、约登、威尔逊（当时是普林斯顿校长）以及其他学者的演讲。对科学、文学、艺术、政治和哲学我全有兴趣。我也听过塔虎脱和罗斯福的演说。罗斯福在加大希腊剧场演说的，曾经说过："我攫取了巴拿马运河，国会要辩论，让它辩论就是了。"他演说时的强调语气和典型姿势，至今犹历历可忆。

中国的传统教育似乎很褊狭，但是在这种教育的范围之内也包罗万象。有如百科全书，这种表面褊狭的教育，事实上恰是广泛知识的基础。我对知识的兴趣很广泛，可能就是传统思想训练的结果。中国古书包括各方面的知识，例如历史、哲学、文学、政治经济、政府制度、军事、外交等。事实上绝不褊狭。古书之外，学生们还接受农业、灌溉、天文、数学等实用科学的知识。可见中国的传统学者绝非褊狭的专家，相反地，他具备学问的广泛基础。除此之外，虚心追求真理是儒家学者的一贯目标，不过，他们的知识只限于书本上的学问，这也许是他们欠缺的地方。在某一意义上说，书本知识可能是褊狭的。

幼时曾经读过一本押韵的书，书名《幼学琼林》，里面包括的问题非常广泛，从天文地理到草木虫鱼无所不包，中间还夹杂着城市、商业、耕作、游记、发明、哲学、政治等题材。押韵的书容易背诵，到现在为止，我仍旧能够背出那本书的大部分。

卜技利的小山上有满长青苔的橡树和芳香扑鼻的尤加利树；田野里到处是黄色的罂粟花；私人花园里的红玫瑰在温煦的加州太阳下盛放着。这里正是美国西部黄金世界、本地子弟的理想园地。我万幸得享母校的爱护和培弃，使我这个来自东方古国的游子得以发育成长，衷心铭感，无以言宣。

加州气候冬暖夏凉，四季如春，我在这里的四年生活确是轻松愉快。加州少雨，因此户外活动很少受影响。冬天虽然有阵雨，也只是使山上的青草变得更绿，或者使花园中的玫瑰花洗涤得更娇艳。除了冬天阵雨之外，几乎没有任何恶劣的气候影响希腊剧场的演出，剧场四周围绕着茂密的尤加利树。莎翁名剧、希腊悲剧、星期演奏会和公开演讲会都在露天举行。离剧场不远是运动场，校际比赛和田径赛就在那里举行。青年运动员都竭其全力为他们的母校争取荣誉。美育、体育和智育齐头并进。这就是古希腊格言所称"健全的心寓于健全的身"——这就是古希腊格言的实践。

在校园的中心矗立着一座钟楼，睥睨着周围的建筑。通到大学路的大门口有一重大门，叫"赛色门"，门上有许多栩栩如生的浮雕裸像。这些裸像引起许多女学生的家长抗议。我的伦理学教授说："让女学生们多看一些男人的裸体像，可以纠正她们忸怩作态的习惯。"老图书馆（后来拆除改建为陀氏图书馆）的阅览室里就有维纳斯以及其他希腊女神裸体的塑像。但是男学生的家长从未有过批评。我初次看到这些希腊裸体人像时，心里也有点疑惑，为什么学校当局竟把这些"猥亵"的东西摆在智慧的源泉。后来，我猜想他们大概是要灌输"完美的思想寓于完美的身体"的观念。在希腊人看起来，美丽、健康和智慧是三位一体而不可分割的。

橡树丛中那次《仲夏夜之梦》的演出，真是美的极致。青春、爱情、美丽、欢愉全在这次可喜的演出中活生生地表现出来了。

学校附近有许多以希腊字母做代表的兄弟会和姊妹会。听说兄弟会和姊妹会的会员们欢聚一堂，生活非常愉快。我一直没有机会去做客。后来有人约我到某兄弟会去做客，但是附带一个条件——我必须投票选举这个兄弟会的会员出任班主席和其他职员。事先，他们曾经把全班同学列一名单，碰到可能选举他们的对头人，他们就说这个"要不得！"同时在名字上打上叉。

我到那个兄弟会时，备受殷勤招待，令人没齿难忘。第二天举行投票，为了确保中国人一诺千金的名誉，我自然照单圈选不误，同时我也很高兴能在这次竞选中结交了好几位朋友。

选举之后不久，学校里有一次营火会。究竟庆祝什么却记不清楚了。融融的火光照耀着这班青年的快乐面庞。男男女女齐声高歌。每一支歌结束时，必定有一阵呐喊。木柴的爆裂声，女孩子吃吃的笑声和男孩子的呼喊声，至今犹在耳际萦绕。我忽然在火光烛照下邂逅一位曾经受我一票之赐的同学。使我大出意外的是这位同学竟对我视若路人，过去的那份亲热劲儿不知哪里去了！人情冷暖，大概就是如此吧！！他对我的热情，我已经以"神圣的一票"来报答，有债还债，现在这笔账已经结清，谁也不欠谁的。从此以后，我再也不拿选举交换招待，同时在学校选举中从此没有再投票。

在"北楼"的地下室里，有一间学生经营的"合作社"，合作社的门口挂着一块牌子，上面写着："我们相信上帝，其余人等，一律现钱交易。"合作社里最兴隆的生意是五分钱一个的热狗，味道不错。

学校里最难忘的人是哲学馆的一位老工友，我的先生同学们也许已经忘记他，至少我始终忘不了。他个子高而瘦削，行动循规蹈矩。灰色的长眉毛几乎盖到眼睛，很像一只北京巴儿狗，眼睛深陷在眼眶里。从眉毛下面，人们可以发现他的眼睛闪烁着友善而热情的光辉。我和这位老工友一见如故，下课以后，或者星期天有空，我常常到地下室去拜访他，他从加州大学还是一个小规模的学校时开始，就一直住在那地下室里。

他当过兵，曾在内战期间在联邦军队麾下参加许多战役。他生活在回忆中，喜欢讲童年和内战的故事。我从他那里获悉早年美国的情形。这些情形离现在将近百年，许多情形与当时中国差不多，某些方面甚至还更糟。他告诉我，他幼年时美国流通好几种货币：英镑、法郎，还有荷兰盾。现代卫生设备在他看起来一文不值。有一次他指着一卷草纸对我说："现代的人虽然有这些卫生东西，还不是年纪轻轻就死了。我们当时可没有什么卫生设备，也没有你们所谓的现代医药。你看我，我年纪这么大，身体多健康！"他直起腰板，挺起胸脯，像一位立正的士兵，让我欣赏他的精神体魄。

西点军校在他看起来也是笑话。"你以为他们能打仗呀？那才笑话！他们全靠几套制服撑场面，游行时他们穿得倒真整齐。但是说到打仗——差远了！我可以教教他们。有一次作战时，我单枪匹马就把一队叛军杀得精光，如果他们想学习如何打仗，还是让他们来找我吧！"

虽然内战已经结束那么多年，他对参加南部同盟的人却始终恨之入骨。他说，有一次战役结束之后，他发现一位敌人受伤躺在地上，他正预备去救助。"你晓得这家伙怎么着？他一枪就向我射过来！"他瞪着两只眼睛狠狠地望着我，好像我就是那个不知好歹的家伙似的。我说："那你怎么办？""我一枪就把这畜生当场解决了。"他回答说。

这位军人出身的老工友，对我而论，是加州大学不可分的一部分，他自己也如此看法，因为他曾经亲见加大的发育成长。

蒋梦麟

美国华埠

　　我到美国第一年的十月底以前，中国发生了重大的变故，光绪皇帝和慈禧太后相继去世。关于这件事，在美国的中国学生队里有两种不同的传说：一说慈禧太后先去世，她的亲信怕光绪皇帝重掌政权，于是谋杀光绪皇帝以绝后患。另一说法是慈禧太后临死前派了一名太监到囚禁光绪的瀛台，告诉病弱的光绪帝说："老佛爷"希望他服用她送去的药，光绪帝自然了解太后的用意，就把药吞服了，不久毒发身亡。慈禧太后驾崩以前，已经接到光绪帝服毒死亡的报告，于是发下圣旨，宣布光绪之死，并由光绪的小侄子溥仪继承皇位。

　　不论这些说法的真确性如何，在卜技利的中国学生一致认为"老太婆"（这是大家私底下给慈禧太后的诨号）一死，中国必定有一场大乱。后来事实证明确是如此。溥仪登基以后，他的父亲载沣出任摄政王。皇帝是个小孩子，摄政王对政务也毫无经验，因此清廷的威信一落千丈，三年以后，辛亥革命成功，清室终于被推翻。

我早在一九○九年参加《大同日报》担任主笔。这报是孙中山先生在旧金山的革命机关报。那一年的一个秋天晚上，我与《大同日报》的另一个编辑，以后在国内大名鼎鼎的刘麻哥成禺，初次晋谒孙先生。他住在唐人街附近的史多克顿街的一家旅馆里。我进门的时候，因为心情紧张，一颗心怦怦直跳，孙先生在他的房间里很客气地接见我们。房间很小，一张床，几张椅子，还有一张小书桌。靠窗的地方有个小小的洗脸盆，窗帘是拉上的。

刘麻哥把我介绍给这位中国革命运动的领袖。孙先生似乎有一种不可抗拒的引力，任何人如果有机会和他谈话，马上会完全信赖他。他的天庭饱满，眉毛浓黑，一望而知是位智慧极高、意念坚强的人物。他的澄澈而和善的眼睛显示了他的坦率和热情。他的紧闭的嘴唇和坚定的下巴，则显示出他是个勇敢果断的人。他的肌肉坚实，身体强壮，予人镇定沉着的印象。谈话时他的论据清楚而有力，即使你不同意他的看法，也会觉得他的观点无可批驳。除非你有意打断话头，他总是娓娓不倦地向你发挥他的理论。他说话很慢，但是句句清楚，使人觉得他的话无不出于至诚。他也能很安详地听别人讲话，但是很快就抓住人家的谈话要点。

后来我发现他对各种书都有浓厚的兴趣，不论是中文书，或者英文书。他把可能节省下来的钱全部用来买书。他读书不快，但是记忆力却非常惊人。孙先生博览群书，所以对中西文化的发展有清晰的了解。

他喜欢听笑话，虽然他自己很少说，每次听到有趣的笑话时总是大笑不止。

他喜欢鱼类和蔬菜，很少吃肉类食物。喜欢中菜，不大喜欢西菜。他常说："中国菜是全世界最好的菜。"

孙先生是位真正的民主主义者，他曾在旧金山唐人街的街头演说。头顶飘扬着国民党的党旗，他就站在人行道上向围集他四周的人演说。孙先生非常了解一般人的心理，总是尽量选用通俗平易的词句来表达他的思想。他会故意地问："什么叫革命？""革命就是打倒满洲佬。"听众很容易明白他的意思，因此就跟着喊"打倒满洲佬"。接着他就用极浅近的话解释，为什么必须打倒满洲佬，推翻满清建立共和以后他的计划怎么样，老百姓在新政府下可以享受什么好处，等等。

在开始讲话以前，他总先估量一下他的听众，然后选择适当的题目，临时决定适当的讲话的方式，然后再滔滔不绝地发表他的意见。他能自始至终把握听众的注意力。他也随时愿意发表演说，因为他有惊人的演说天才。

孙中山先生对人性有深切的了解，对于祖国和人民有热烈的爱，对于建立新中国所需要的东西有深邃的见解。这一切的一切，使他在新中国的发展过程中成为无可置辩的领袖。他常常到南部各州东部各州去旅行，有时又到欧洲，但是经常要回到旧金山来，每次回到旧金山，我和刘麻哥就去看他。

一九一一年十月八日，大概晚上八点钟左右，孙先生穿着一件深色的大衣和一顶常礼帽，到了《大同日报》的编辑部。他似乎很快乐，但是很镇静。他平静地告诉我们，据他从某方面得到的消息，一切似乎很顺利，计划在武汉起义的一群人已经完成部署，随时可以采取行动。两天以后，消息传至旧金山，武昌已经爆发革命了。这就是辛亥年十月十日的武汉革命，接着满清政府被推翻，这一天也成为中华民国的国庆日。

在孙先生的指导之下，我和刘麻哥为《大同日报》连续写了三年的社论。开始时我们两人轮流隔日撰写。我们一方面在加大读书，一方面为报纸写社论，常常开夜车到深夜，赶写第二天早上见报的文章。大学的功课绝不轻松，我们，尤其是我，深感这种额外工作负担之重。成功以后，刘麻哥回国了，我只好独立承当每日社论的重任。我虽然深深关切祖国的前途，但是这种身不由己的经常写作，终于扼杀了我一切写作的兴趣。我一直在无休无止的压力下工作，而且仓促成文，作品的素质日见低落，而且养成散漫而匆促的思想习惯，用字也无暇推敲。有时思想阻滞，如同阻塞了的水管里的水滴，但是笔头的字还是像一群漫无目的的流浪者涌到纸上。我对于这些不速之客实在生气，但是我还是由他们去了，因为他们至少可以填满空白。

最初担任这份工作时，对于写作的确非常有兴趣，字斟句酌，务求至当。这情形很像选择适当的钱币，使它能投进自动售货机的放钱口。如果你匆匆忙忙希望把一大把钱币同时挤进放钱口，机器自然就阻塞了，多余的钱怎也放不进去，结果就散落一地。一个人不得不在匆忙中写文章，情形就是这样，结果是毫无意义的一大堆文字浪费的篇幅。

一九一二年毕业后，我终于放弃了这份工作，心里感到很轻松。从此以后我一直怕写文章，很像美国小学生怕用拉丁文作文一样。工作如果成为苦差，并且必须在匆忙中完成，这种工作绝无好成绩。这样养成的坏习惯后来很难矫正。

在我四年的大学时期里，约有五万华侨集中在西海岸的各城市，包括萨克拉孟多、旧金山、屋仑、圣多树、洛杉矶等，另外还有零星的小群华侨和个人散布在较小的城镇和乡村。华侨集中的区域就叫唐人街或中国城，也称华埠。旧金山的华埠是美洲各城中最大的一个，共有华侨两万余人。主要的街道原来叫杜邦街，后来改称葛兰德路，究竟为什么改，我不知道。葛兰德路很繁华。东方古董铺，普通称为"杂碎馆"的中国饭馆，算命测字的摊子，假借俱乐部名义的赌场，供奉中国神佛的庙宇等等，吸引了无数的游客和寻欢作乐的人。有一个年轻美丽的美国人告诉我，她曾在一家东方古董铺中看到一件非常稀奇的东西——一尊坐在一朵莲花座上的大佛；她还在一家中国饭馆吃过鸟巢（燕窝）、鱼翅和杂碎。她对这一切感到新奇万分，说得手舞足蹈。她的妹妹们都睁着眼睛，张着嘴巴听她。"真的啊！"她的老祖母从眼镜上面望着她，两只手则仍旧不停地织着毛线。

"你用筷子怎么喝汤呢？"一位小妹妹满腹狐疑地问。

"正像你用麦管吸汽水一样吸汤呀！小妹妹。"我代为回答，引得大家大笑。

也有许多华侨开洗衣店。他们一天到晚忙着浆洗衣服，常常忙到深夜。许多美国家庭喜欢把衣服送到中国洗衣店洗，因为手洗不像机器那样容易损坏衣服。这些来自"天朝"的子孙，节衣缩食省下有限的一点钱，把省下的钱装在袋里藏在床下。但是他们却慷慨地捐钱给孙中山先生的革命运动，或者把钱寄回广东，扶养他们的家人或亲戚，同时使他们的故乡变为富足。

广东是中国最富的省份，一方面是广东人在香港以及其他地方经商发财的关系，另一方面也是因为各地华侨把积蓄汇回广东的缘故。华侨遍布于马来西亚、印度尼西亚、菲律宾及南美、北美各地。各地的华侨多半是从广东或福建来的。

上千万的华侨生活在外国，他们在外国辛勤工作从不剥削别人，相反地，他们的劳力却常常受到剥削。他们除父母所赐的血肉之躯外，别无资本。他们像一群蜜蜂，辛勤工作，节衣缩食，忍气吞声，把花蜜从遥远的花朵运送到在中国的蜂房。他们得不到任何政治力量的支持，他们也没有携带枪炮到外国来。他们帮着居留地的人民筑路、开矿、种植橡树，以一天辛劳的工作换回几个美金或先令。不错，有些人，尤其是在新加坡和印度尼西亚，的确发了财，住着皇宫样的大厦和别墅，生活得像印度的土大王，另一些人也跻入中产阶级，买田置产，但是富有的和小康的究竟还是少数。大多数的华侨必须辛勤工作，而且只有辛勤工作才能糊口或稍有积蓄。

在美国的华侨，没有很富的，也没有很穷的。多数都是老实可靠、辛勤工作的人。几乎所有的人都寄一点钱回广东。他们的生活方式主要是中国式的。你如果乘一只船沿萨克拉孟多江航行，你可以看到两岸散布着一些华侨城镇和村落，店铺门前挂着大字书写的中文招牌如"长途粮食""道地药材"等类。你可能以为自己是在沿着长江或运河航行呢。

有一天，我曾经在萨克拉孟多江沿岸的一处中国城上岸，访一位芦笋园的主人。这位主人叫丁山，是孙中山先生的朋友，他拿鲜嫩的芦笋招待我，非常肥美多汁，后来一吃到芦笋，我总要想起他。他还有一间制造芦笋的罐头厂，所制的罐头借用美国商标出售。因此我常常想，美国的某些芦笋罐头，可能就是华侨种植和装罐的。他赚钱的办法的确好，而且很巧妙。他为工人开设了许多娱乐场所，他说，工人们辛苦了一天，必须有散散心的地方；如果他不开办娱乐场所，工人们就会找到他的邻居所开的娱乐场所去。他的用意是"肥水不流外人田"。结果到他娱乐场所来玩的人，都贡献了一点"肥水"，他的财产也就愈来愈多了。

在美国以及世界各地的华侨，真不愧为炎黄裔胄。男子留着辫子，女人甚至还缠足。在旧金山的华侨街头，可以发现卖卦算命的摊子。有一位算命先生告诉一位来算命的白人说："好运道，快快的，大发财。"旁边一位黑人也想算算命，算命先生把同样的话重复一遍，黑人大为得意。如果这位算命先生说到此地为止，自然太平无事，但是他偏要画蛇添足，对黑人说："快快地，不再黑，像他——"同时用手指着那位白人。黑人气得一脚踢翻算命摊子，阿谀过分成为侮辱，此即一例。

华侨还有许多杂货店，出售咸鱼、鳗鲞、蛇肉、酱油、鱼翅、燕窝、乾鲍以及其他从广州或香港运到美国的货色。有一次，我到一家杂货铺想买一些东西。但是我的广东话太蹩脚，没法使店员明白我要买的东西。只好拿一张纸把它写下来，旁边站着一位老太婆只晓得中国有许多不同的方言，却不晓得中国只有一种共同的文字，看了我写的文字大为惊奇，她问店里的人：这位唐人既然不能讲唐话（她指广东话），为什么他能写唐字呢？许多好奇的人围住我看，有一位稍稍懂点普通话的人问道："你到广州省城去过没有？"我回答说："没有。""那么你过去在那里买东西呢？""上海。"我笑着夹起一瓶酱油和一包货物走了。

唐人街的学校仍旧保持旧式的课程。学生们要高声朗诵古书，和我小时候的情形一模一样。离唐人街不远的美国学校对它们毫无影响。

　　这是辛亥革命以前的情形。革命以后，唐人街开始起了变化，因为中国本身也在变化，而且是急剧的变化，短短几年之内，算命卜卦的不见了。辫子的数目也迅速减少，终至完全绝迹。青年女子停止缠足，学校制度改革了，采用了新式的课程；送到附近美国学校上学的孩子逐渐增加。唐人街虽然想抗拒美国邻居的影响，但是祖国有了改革，而且在生活方式上有了改变以后，这些忠贞的炎黄裔胄也终于亦步亦趋了。

蒋梦麟

蒋梦麟

纽约生活

  时间一年一年地过去，我的知识学问随之增长，同时自信心也加强了。民国元年，即一九一二年，我以教育为主科，历史与哲学为两副科，毕业于加大教育学系，并承学校赠给名誉奖，旋赴纽约入哥伦比亚大学研究院续学。

  我在哥大学到如何以科学方法应用于社会现象，而且体会到科学研究的精神。我在哥大遇到许多诲人不倦的教授，我从他们得到许多启示，他们的教导更使我终生铭感。我想在这里特别提一笔其中一位后来与北京大学发生密切关系的教授。他就是约翰·杜威博士。他是胡适博士和我在哥伦比亚大学时的业师，后来又曾在北京大学担任过两年的客座教授。他的著作、演讲以及在华期间与我国思想界的交往，曾经对我国的教育理论与实践产生重大的影响。他的实验哲学与中国人讲求实际的心理不谋而合。但是他警告我们说："一件事若过于注重实用，就反为不切实用。"

我不预备详谈在哥大的那几年生活，总之，在那几年里获益很大。我对美国生活和美国语言已感习惯，而且可以随时随地从所接触的事物汲取知识而无事倍功半之苦。

纽约给我印象较深的事物是它的摩天大楼，川流不息的地道车和高架电车，高楼屋顶上的炫目的霓虹灯广告；剧场、影院、夜总会、旅馆、饭店；出售高贵商品的第五街，生活浪漫不拘的格林尼治村，东区的贫民窟，等等。

在社会生活方面，新英格兰人、爱尔兰人、波兰人、意大利人、希腊人、犹太人等各族杂处，和睦如邻，此外还有几千名华侨聚居在唐人街附近。当时在这个大都会里的中国菜馆就有五百家之多。纽约市密集的人口中龙蛇混杂，包括政客、流氓、学者、艺术家、工业家、金融巨子、百万富翁、贫民窟的贫民以及各色人等，但是基本上这些人都是美国的产物。有人说："你一走进纽约，就等于离开了美国。"事实上大谬不然。只有美国这样的国家才能产生这样高度工业化的大都市，也只有美国才能出现这种兼容并蓄的大熔炉。种族摩擦的事可说绝无仅有。一个人只要不太逾越法律的范围，就可以在纽约为所欲为。

只要他不太违背习俗，谁也不会干涉他的私人行动。只要能够找到听众，谁都可以评论古今，臧否时政。

法律范围之内的自由，理智领域之内的思想自由和言论自由，在纽约发挥得淋漓尽致，大规模的工商业，国际性的银行业务，发明、机械和资源的极度利用，处处显示美国主义的精神和实例。在纽约，我们可以发现整个美国主义的缩影。我们很可能为这个缩影的炫目的外表所迷惑而忽视美国主义的正常状态，这种正常状态在美国其余各地都显而易见。

暑假里我常常到纽约州东北部的阿地隆台克山区去避暑。有一年暑假，我和几位中国朋友到彩虹湖去，在湖中丛山中的一个小岛上露营。白天时我们就到附近的小湖去划船垂钓。钓鱼的成绩很不错，常常满载而归，而且包括十斤以上的梭鱼。我们露营的小岛上，到处是又肥又大的青蛙，我幼时在我们乡下就曾学会捉蛙，想不到到了美国之后居然有机会大显身手。一根钓竿，一根细绳，一枚用大小适度的针屈曲而成的钓钩，再加一块红布就是钓蛙的全副道具了。这些临时装备成绩惊人，我们常常在一小时之内就捉到二十多只青蛙，足够我们大嚼两餐。彩虹湖附近的居民从未吃过田鸡，他们很佩服我们的捉蛙技术，但是他们的心里一定在想："这些野蛮的中国人真古怪！"

晚上我们常常参加附近居民的仓中舞会，随着主人弹奏的提琴曲子婆娑起舞。我还依稀记得他们所唱的一支歌，大意是：

> 所有的户枢都长了锈，
>
> 门窗也都歪斜倾倒，
>
> 屋顶遮不住日晒雨漏，
>
> 我的唯一的朋友，
>
> 是灌木丛后面的，
>
> 一只黄色的小狗。

这支歌反映山区孤村生活的孤独和寂寞，但是对城市居民而言，它却刻画了一种宁静迷人的生活。

我们有时也深入到枝叶蔽天的原始森林里。山径两旁的杜松发散着芬芳的气息。我们采撷了这些芳香的常绿枝叶来装枕头，把大自然带回锦衾之中，阵阵发散的芳香更使我们的梦乡充满了温馨。

有时我们也会在浓密的树林中迷途。那时我们就只好循着火车汽笛的声音，找到铁路轨道以后才能回来。经过几次教训以后，我们进森林时就带指南针了。

在乡下住了一段时间之后，重新回到城市，的确另有一番愉悦之感。从乡村回到城市，城市会显得特别清新可喜；从城市到了乡村，乡村却又显得特别迷人。原因就是环境的改变和鲜明的对照。外国人到中国时，常常迷恋于悠闲的中国生活和它的湖光山色；而中国人到了异国时却又常常留恋外国的都市生活。因此我们常常发现许多欧美人士对中国的东西比中国人自己更喜爱。在另一方面，也有许多中国人对欧美的东西比西洋人自己更喜爱。这就是环境改换和先后对照的关系，改换和对照可以破除单调而使心神清新。但是事物的本身价值并不因心理状态的改变而有所不同。

我在纽约求学的一段时期里，中日关系突起变化，以致两国以后势成水火。日本经过约五十年的维新之后，于一八九四年一击而败中国，声威渐震。中国人以德报怨，并未因战败而怀恨在心。这次战衅反而意外地引起中国人对日本的钦仰和感激——钦仰日本在短短五十年内所完成的重大革新，感激日本唤醒中国对自己前途的乐观。甲午之战可说燃起了中国人心中的希望。战后一段时期中国曾力求追随日本而发奋图强。

每年到日本留学的学生数以千计。中国在军事、警务、教育各方面都采取了新制度，而由留日返国的学生主其事。中国开始从日本发现西方文明的重要。日俄战争更使中国的革新运动获得新动力——日本已成为中国人心中的偶像了。

中国通过她的东邻逐渐吸收了西方文明，但是中国不久发现，日本值得效法的东西还是从欧美学习而来的。更巧的是美国退还了八国联军之后的庚子赔款，中国利用庚款选派了更多的留美学生。在过去，中国学生也有以官费或自费到欧美留学的，但是人数很少，现在从西洋回国的留学生人数逐渐增加，而且开始掌握政府、工商业以及教育界的若干重要位置。传教士，尤其是美国的传教士，通过教会学校帮助中国教育了年轻的一代。

因此，中国与日本的文化关系开始逐渐疏远，中国人心目中的日本偶像也渐行萎缩，但是日本人却并未意识到这种转变。

日本利用第一次世界大战的机会，在民国四年即一九一五年突然向袁世凯政府提出著名的二十一条要求，如果中国接受这些要求，势将成为日本的保护国。日本之所以突然提出二十一条，是因为西方列强在战事进行中自顾不暇，同时帝俄军事力量急剧衰退，以致远东均势破坏。中国既受东邻日本的逼迫，乃不得不求助于西方国家，中日两国从此分道扬镳，此后数十年间的国际政治也因而改观。如果日本具有远大的眼光，能在中国的苦难时期协助中国，那么中日两国也许一直和睦相处，而第二次世界大战的情形也就完全不同了。

驻华盛顿的中国大使馆经政府授意把二十一条要求的内容泄漏了，那时我正在纽约读书。这消息使西方各国首都大为震惊。抵制日货运动像野火一样在中国各地迅速蔓延以示抗议，但是日本军舰已经结集在中国的重要口岸，同时日本在南满和山东的军队也已经动员。民国四年即一九一五年五月七日也就是日本提出二十一条要求之后四个月，日本向袁世凯提出最后通牒，袁世凯终于在两天之后接受二十一条要求。

后来情势演变，这些要求终于化为乌有，但是中国对日本的钦慕和感激却由此转变为恐惧和猜疑。从此以后，不论日本说什么，中国总是满腹怀疑，不敢置信；不论日本做什么，中国总是怀着恐惧的心情加以警戒。日本越表示亲善，中国越觉得她居心叵测。

我们的东邻质问我们："你们为什么不像我们爱你们一样地爱我们？"我们回答说："你们正在用刺刀谈恋爱，我们又怎么能爱你们？"

"九·一八事变"前几年，一位日本将官有一天问我："中国为什么要挑拨西方列强与日本作对？"

"为保持均势，以免中国被你们并吞。"我很坦白地回答。

"日本并吞中国！我们怎么会呢？这简直是笑话。"

"一点也不笑话，将军。上次大战时列强自顾不暇，日本不是曾经乘机向中国提出二十一条要求吗？如果这些要求条条实现。日本不是就可以鲸吞中国吗？"

"哦，哦——"这位将军像是吃惊不小的样子。

"一点不错。"我直截了当地回答。

戴望舒
（1905 年—1950 年）

巴黎的书摊

　　戴望舒，中国现代派象征主义诗
人，因《雨巷》成为传诵一时的名作，
被称为"雨巷诗人"。1923 年，考入
上海大学中国文学系。1925 年，转
入上海震旦大学学习法语。1932 年
11 月初，赴法国留学，先后入读巴
黎大学、里昂中法大学。1935 年回国。

在滞留巴黎的时候，在羁旅之情中可以算作我的赏心乐事的有两件：一是看画，二是访书。在索居无聊的下午或傍晚，我总是出去，把我迟迟的时间消磨在各画廊中和河沿上的书摊。关于前者，我想在另一篇短文中说及，这里，我只想来谈一谈访书的情趣。

　　其实，说是"访书"，还不如说在河沿上走走或在街头巷尾的各旧书铺进出而已。我没有要觅什么奇书孤本的蓄心，再说，现在已不是在两个铜元一本的木匣里翻出一本 Pâtissier François 的时候了。我之所以这样做，无非为了自己的癖好，就是摩挲观赏一回空手而返，私心也是很满足的，况且薄暮的塞纳河又是这样地窈窕多姿！

　　我寄寓的地方是 Rue de I'Echaudé，走到塞纳河边的书

戴望舒

摊，只需沿着塞纳路步行约莫三分钟就到了。但是我不大抄这近路，这样走的时候，赛纳路上的那些画廊总会把我的脚步牵住的，再说，我有一个从头看到尾的癖，我宁可兜远路顺着约可伯路、大学路一直走到巴克路，然后从巴克路走到王桥头。

塞纳河左岸的书摊，便是从那里开始的，从那里到加路赛尔桥，可以算是书摊的第一个地带，虽然位置在巴黎的贵族的第七区，却一点也找不出冠盖的气味来。在这一地带的书摊，大约可以分这几类：第一是卖廉价的新书的，大都是各书店出清的底货，价钱的确公道，只是要你会还价，例如旧书铺里要卖到五六百法郎的勒纳尔（Jules Renard）的《日记》，在那里你只需花二百法郎光景就可以买到，而且是崭新的。我的加棱所译的赛尔房德里的《模范小说》，整批的《欧罗巴杂志丛书》，便都是从那儿买来的。这一类书在别处也有，只是没有这一带集中吧。其次是卖英文书的，这大概和附近的外交部或奥莱昂东站多少有点关系吧。可是这些英文书的买主却并不多，所以花两三个法郎从那些冷清清的摊子里把一本初版本的《万牲园里的一个人》带回寓所去，这种机会，也是常有的。第三是卖地道的古版书的，十七世纪的白羊皮面书，十八世纪饰花的皮脊书，等等，都小心地盛在玻璃的书柜里，上了锁，不能任意地翻看，其他价值较次的古书，则杂乱地在木匣中堆积着。对着这一大堆你挨我挤着的古老的东西，真不知道如何下手。这种书摊前比较热闹一点，买书大多数是中年人或老人。这些书摊上的书，如果书摊主是知道值钱的，你便会被他敲了去，如果他不识货，你便占了便宜来。我曾经从那一带的一位很精明的书摊老板手里，花了五个法郎买到一本一七六五年初版本的 Du Laurens 的 *Imirce*，至今犹有得意之色：第一因为 *Imirce* 是一部禁书，其次这价钱实在太便宜也。第四类是卖淫书的，这种书摊在这一带上只有一两个，而所谓淫书者，实际也仅仅是表面的，骨子里并没有什么了不得，大都是现代人的东西，与来骗骗人的。记得靠近王桥的第一家书摊就是这一类的，老板娘是一个四五十岁的老婆，当我有一回逗留了一下的时候，她就把我当作好主顾而怂恿我买，使我留下极坏的印象，以后就敬而远之了。其实那些地道的"珍秘"的书，如果你不愿出大价钱，还是要费力气角角落落去寻的，我曾在一家犹太人开的破货店里一大堆废书中，翻到过一本原文的 Cleland 的 *Fanny Hill*，只出了一个法郎买回来，真是意想不到的事。

从加路赛尔桥到新桥，可以算是书摊的第二个地带。在这一带，对面的美术学校和钱币局的影响是显著的。在这里，书摊老板是兼卖板画图片的，有时小小的书摊上挂得满目琳琅，原张的蚀雕，从书本上拆下的插图，戏院的招贴，花卉鸟兽人物的彩图，地图、风景片，大大小小各色俱全，反而把书列居次位了。在这些书摊上，我们是难得碰到什么值得一翻的书的，书都破旧不堪，满是灰尘，而且有一大部分是无用的教科书，展览会和画商拍卖的目录。此外，在这一带我们还可以发现两个专卖旧钱币纹章等而不卖书的摊子，夹在书摊中间，做一个很特别的点缀。这些卖画卖钱币的摊子，我总是望望然而去之的，（记得有一天一位法国朋友拉着我在这些钱币摊子前逗留了长久，他看得津津有味，我却委实十分难受，以后到河沿上走，总不愿和别人一道了。）然而在这一带却也有一两个很好的书摊子。一个摊子是一个老年人摆的，并不是他的书特别比别人丰富，却是他为人特别和气，和他交易，成功的回数居多。我有一本高克多（Coclcau）亲笔签字赠给诗人费尔·囊·提华尔（Fernand Divoire）的 *Le Grand Ecart*，便是从他那儿以极廉的价钱买来的，而我在加里马尔书店买的高克多亲笔签名赠给诗人法尔格（Fargue）的初版本 *Opera*，却使我花了七十法郎。但是我相信这是他借给我的，因为书是用蜡纸包封着，他没有拆开来看一看；看见了那献辞的时候，他也许不会这样便宜卖给我。另一个摊子是一个青年人摆的，书的选择颇精，大都是现代作品的初版和善本，所以常常得到我的光顾。我只知道这青年人的名字叫昂德莱，因为他的同行们这样称呼他，人很圆滑，自言和各书店很熟，可以弄得到价廉物美的后门货，如果顾客指定要什么书，他都可以设法。可是我请他弄一部《纪德全集》，他始终没有给我办到。

可以划在第三地带的是从新桥经过圣米式尔场到小桥这一段。这一段是塞纳河左岸书摊中的最繁荣的一段。在这一带，书摊比较都整齐一点，而且方便也多一点，太太们家里没事想到这里来找几本小说消闲，也有；学生们贪便宜想到这里来买教科书参考书，也有；文艺爱好者到这里来寻几本新出版的书，也有；学者们要研究书，藏书家要善本书，猎奇者要珍秘书，都可在这一带获得满意而回。在这一带，书价是要比他处高一些，然而总比到旧书铺里去买便宜。健吾兄觅了长久才在圣米式尔大场的一家旧书店中觅到了一部《龚果尔日记》，花了六百法郎喜欣欣地捧了回去，以为便宜万分，可是在不久之后我就在这一带的一个书摊上发现了同样的一部，而装订却考究得多，索价就只要二百五十法郎，使他悔之不及。可是这种事是可遇而不可求的，跑跑旧书摊的人第一不要抱什么一定的

戴望舒

目的，第二要有闲暇有耐心，翻得有劲儿便多翻翻，翻倦了便看看街头熙来攘往的行人，看看旁边塞纳河静静的逝水，否则跑得腿酸汗流，眼花神倦，还是一场没结果回去。话又说远了，还是来说这一带的书摊吧。

我说这一带的书较别带为贵，也不是胡说的，例如整套的 *Echanges* 杂志，在第一地带中买只需十五个法郎，这里却一定要二十个，少一个不卖；当时新出版原价是二十四法郎的 Celine 的 *Voyage an bout de la nuit*，在那里买也非十八法郎不可，竟只等于原价的七五折。这些情形有时会令人生气，可是为了要读，也不得不买回去。价格最高的是靠近圣米式尔场的那两个专卖教科书参考书的摊子。学生们为了要用，也不得不硬了头皮去买，总比买新书便宜点。我从来没有做过这些摊子的主顾，反之他们倒做过我的主顾。因为我用不着的参考书，在穷极无聊的时候总是拿去卖给他们的。这里，我要说一句公平话：他们所给的价钱的确比季倍尔书店高一点。这一带专卖近代善本书的摊子只有一个，在过了圣米式尔场不远快到小桥的地方。摊主是一个不大开口的中年人，价钱也不算顶贵，只是他一开口你就莫想还价：就是答应你也还是相差有限的，所以看着他陈列着的《泊鲁思特全集》，插图的《天方夜谭》全译本，

Chirico 插图的阿保里奈尔的 *Calligrammes*，也只好眼红而已。在这一带，诗集似乎比别处多一些，名家的诗集花四五个法郎就可以买一册回去，至于较新一点的诗人的集子，你只要到一法郎或甚至五十生丁的木匣里去找就是了。我的那本仅印百册的 JeanGris 插图的 Reverdy 的《沉睡的古琴集》，超现实主义诗人 Gui Rosey 的《三十年战争集》等等，便都是从这些廉价的木匣子里翻出来的。还有，我忘记说了，这一带还有一两个专卖乐谱的书铺，只是对于此道我是门外汉，从来没有去领教过罢。

从小桥到须里桥那一段，可以算是河沿书摊的第四地带，也就是最后的地带。从这里起，书摊便渐渐地趋于冷落了。在近小桥的一带，你还可以找到一点你所需要的东西，例如有一个摊子就有大批 N.R.F. 和 Grasset 出版的书，可是那位老板娘讨价却实在太狠，定价十五法郎的书总要讨你十二三个法郎，而且又往往要自以为在行，凡是她心目中的现代大作家，如摩里向克、摩洛阿、爱眉（Aymé）等，就要敲你一笔竹杠，一点也不肯让价；反之，像拉尔波、茹昂陀、拉第该、阿朗等优秀作家的作品，她倒肯廉价卖给你。从小桥一带再走过去，便每下愈况了。起先是虽然没有什么好书。但总还能维持河沿书摊的尊严的摊子，以后呢，卖破旧不堪的通俗小说杂志的也有了，卖陈旧的教科书和一无用处的废纸的也有了，快到须里桥那一带，竟连卖破铜烂铁、旧摆设、假古董的也有了；而那些摊子的主人呢，他们的样子和那在下面赛纳河岸上喝劣酒，钓鱼或睡午觉的街头巡阅使（Clochard），简直就没有什么大两样。到了这个时候，巴黎左岸书摊的气运已经尽了，你的腿也走乏了，你的眼睛也看倦了，如果你袋中尚有余钱，你便可以到圣日尔曼大街口的小咖啡店里去坐一会儿，喝一杯儿热热的浓浓的咖啡，然后把你沿路的收获打开来，预先摩婆一遍，否则如果你已倾了囊，那么你就走上须理桥去，倚着桥栏，俯瞰那满载着古愁并饱和着圣母祠的钟声的，塞纳河的悠悠的流水，然后在华灯初上之中，闲步缓缓归去，倒也是一个经济而又有诗情的办法。

说到这里，我所说的都是塞纳河左岸的书摊，至于右岸的呢，虽则有从新桥到沙德莱场，从沙德莱场到市政厅附近这两段，可是因为传统的关系，因为所处的地位的关系，也因为货色的关系，它们都没有左岸的重要。只在走完了左岸的书摊尚有余兴的时候或从卢佛尔（Louvre）出来的时候，我才顺便去走走，虽然间有所获，如查拉的 *L'homme Approximatif* 或卢梭（Henri Rousseau）的画集，但这是极其偶然的事；通常，我不是空手而归，便是被那街上的鱼虫花鸟店所吸引了过去。所以，原意去"访书"而结果买了一头红头雀回来，也是有过的事。

戴望舒

费巩
（1905 年—1945 年）

牛津学校生活

　　1926 年 6 月，费巩毕业于复旦大学政治学系。1928 年，赴法留学。1929 年，转入英国牛津大学，主攻政治经济学，获硕士学位。1931 年，毕业回国，先后任复旦大学教授、浙江大学教授，以及《北平日报》社评委员。

英国之牛津天下古学府，历史久远，人文荟萃，为世人艳称。不但学校环境与他处不同，学风学制亦特立独异，绵延全镇古朴庄严之建筑，校舍也；络绎道左方帽黑袍之行人，宿儒硕耆与莘莘学子也；入其境如别一天地，而负笈此地者亦自成一世界，学校生活放浪多趣，颇足述者。

　　牛津有书院（College）二十八，联合而成大学，学生六千，分隶各院，住院者多。院内老树成荫，绿茵满地，幽雅清逸，足供静修。校外景色亦自动人茂林丛草与溪水河流为其天然之环境。学程三年卒业，第一年习文字，以拉丁、希腊、德文、法文为主课。第二、三年习选定之专科，如习历史者，有英国史、欧洲史、宪法史、经济史等八门；习社会者有政治、经济、历史、哲学四大门。教法除名师讲授外，甚注重亲炙教

费巩

诲,学生各有导师（Tutor）负责教导。所谓导师制度,为牛津、剑桥之特点,学年分三期,每学期上课八星期,春冬各休假六星期,加以例假暑假,放假时反多于上课时也。

英国大学之有宿舍者,唯牛津、剑桥二校。凡为学生（除研究生外）,必须住校。校舍虽不敷,轮流居住,至少留居所属之书院一年,盖大学教育不仅在发展个性,兼重群众生活。寄宿校内,经教师熏陶,与同学切磋,于应对进退之间,学业品性同受裨益,训练教化之功,为非住宿校外者所能得。校规谨严,管理因亦称便也,学生每人占室二间,一为寝室,一为书室,有校役执役。日常生活大约如下:晨兴,校役以早点进,早餐既毕,披上齐腰黑色制服,携带纸笔,往返奔走上课于各书院之间,栗六全晨。午后无课,从事运动,或鼓桨或击球,兴尽返校。时逾一时,于是开卷,埋首书本不三小时而铃震晚膳矣。晚膳必至大堂,教师学生群集一堂,教师坐高位,另据一桌,谓之高桌（High Table）,学生雁列坐堂下共餐,晚膳后用功者返室自修,好动者出外访友,闲言喧笑。至九时,闻基督书院（Christ Church）之大钟铿锵而鸣,击一百零一下,是为各院闭门之时,踉跄返院,然后死心塌地读二三小时而就寝焉。其或兴犹未尽,固可遍叩同院学生之门,再谋畅谈也。

有逾十时始返者，阍人以名姓报院长，明日柬来，且请吃大菜矣。同学交际以互邀用茶最为普通。此外各学会、各团体开会聚餐之时甚多，学期中上课、读书、运动、交际，加以每星期须见导师，呈读课卷，面受教诲，可谓十分忙碌。自修之时少，真正用功之时反在假中。学期将终，导师命录书名一二十本，备在假中细诵，盖学期中兼收并蓄，至假期中始得细细咀嚼也。

寄宿校外住于乡人家庭者，同受学校管束，必就居于经大学批准之居户，必供室二间，须家世清白、人口齐整、地位适当、房屋清洁，其已有女房客或女学生寄居者，绝不能邀批准也。房东向大学负责，每日以寄宿生起居行动填单详报，屋门十时必须下键。除原有之锁外，须另装一暗锁，谓之死锁（Dead Lock），均由房东执管，学生虽潜配钥匙，能开普通之锁，无法动此死锁，则不敢逾时返寓，亦无由启关潜出也。偶至戏院或影戏院消遣，并不禁阻，唯不得购头二等以下之座，畏与下流混杂也。学生血气方刚，易受诱惑，防微杜渐，唯恐不周。监学复随时微服暗查，学生畏之如虎，至私谥之为凶犬（Bull Dog）！

牛津有女生九百，另有女校寄宿管理。女生用功者多，鲜见缺课，而图书馆中尤以女生居多，垂髫束裙，方帽道袍，妩

费巩

媚庄重，佼佼不俗；男女同学间不准往还，鲜有交谈同行者。校章规定，男女学生不准结伴徜徉于河边林间，女生欲访男生者，必先请准书院当局，复向大学监学告假，另有一女为伴，始可限时至男校相访。男生则绝对不准过访女生，以此较之伦敦大学男女同学之杂坐笑谑捉对跳舞者，风气习俗，又自不同。

人谓牛津守旧，称为贵族学校，其实未必，学生出身中人之家者居多，受免费津贴者至少有十之四。教课学程以养成见解高超、思想宽大为主旨，教授常说尤多新颖，固未尝导人于守旧也。

徐志摩
（1896年—1931年）

西伯利亚

1918年8月，徐志摩从上海启程赴
美留学。先进入美国乌斯特的克拉克大
学历史系，选读社会学、经济学等课程，
入学后十个月就获得了学士学位和一等
荣誉奖。当年又转入哥伦比亚大学，获
得经济学硕士学位。后来，他的学习兴
趣逐渐由政治转向文学，并获得了文学
硕士学位。192年赴英国留学，入伦敦
大学攻读经济学博士。后被狄更生推荐
到康桥大学（现剑桥大学）皇家学院学习。
留学期间深受西方教育的熏陶及欧美浪
漫主义诗人的影响。

一个人到一个不曾去过的地方不免有种种的揣测，有时甚至害怕；我们不很敢到死的境界去旅行也就如此。西伯利亚，这个地名本来就容易使人发生荒凉的联想，何况现在又变了有色彩的去处，再加谣传、附会，外国存心诬蔑苏俄的报告，结果在一般人的心目中这条平坦的通道竟变了不可测的畏途。其实这都是没有根据的。西伯利亚的交通照我这次的经验看，并不怎样比旁的地方麻烦，实际上那边每星期五从赤塔开到莫斯科（每星期三自莫至赤）的特快虽则是七八天的长途车，竟不曾耽误时刻，那在中国就是很难得的了。你们从北京到满洲里，从满洲里到赤塔，尽可以坐二等车，但从赤塔到俄京那一星期的路程我劝你们不必省这几十块钱（不到五十），因为那国际车真是舒服，听说战前连洗澡都有设备的，比普通车位差太远

徐志摩

137

了。坐长途火车是顶累人不过的，像我自己就有些晕车，所以有可以节省精力的地方还是多破费些钱来得上算。固然坐上了国际车你的同道只是体面的英美德法人；你如其要参与俄国人的生活时不妨去坐普通车，那就热闹了，男女不分的，小孩是常有的，车间里四张床位，除了各人的行李以外，有的是你意想不到的布置。我说给你们听听：洋瓷面盆，小木坐凳，小孩坐车，各式药瓶，洋油锅子，煎咖啡铁罐，牛奶瓶，酒瓶，小儿玩具，晾湿衣服绳子，满地的报纸，乱纸，花生壳，向日葵子壳，痰唾，果子皮，鸡子壳，面包屑……房间里的味道也就不消细说，你们自己可以想象。老实说我有点受不住，但是俄国人自会作他们的乐，往往在一团氤氲（当然大家都吸烟）的中间，说笑的自说笑，唱歌的自唱歌，看书的看书，瞌睡的瞌睡，同时玻璃上的蒸气全结成了冰屑，车外只是白茫茫的一片，静悄悄的奠有声息。偶尔在树林的边沿看得见几处木板造成的小屋，屋顶透露着一缕青灰色的烟痕，报告这荒凉境地里的人迹。

吃饭一路上都有餐车，但不见佳面且贵，愿意省钱的可以到站时下去随便买些食物充饥，这一路每站上都有一两间小木屋（要不然就是几位老太太站在露天提着篮端着瓶子做生意）卖杂物的：面包、牛奶、生鸡蛋、熏鱼、苹果都是平常买得到的（记着我过路的时候是三月，满地还是冰雪，解冻的时候东西一定更多）。

我动身前有人警告我说："苏俄的忌讳多得很，你得留神；上次有几个美国人在餐车里大声叫仆欧（应得叫 Comrade，康姆拉特，意思是朋友同志或伙计），叫他们一脚踢下车去死活不知下落，你这回可小心！"那是不是神话我不曾有工夫去考据；但为叫一声仆欧就得受死刑（苏州人说的"路倒尸"）我看来有些不像，实际上出门人莫谈政治，倒是真的，尤其在革命未定的国家，关于苏俄我下面再讲。我们餐车的几位康姆拉特都是顶年轻的，其中有一位实在不很讲究礼节，他每回来招呼吃饭，就像是上官发命令，斜瞟着一双眼，使动着一个不耐烦的指头，舌头上滚出几个铁质的字音，嘭地关上你的房门，他又到间壁去发命令了！他是中等身材，胸背是顶宽的，穿一身水色的制服，肩上放一块擦桌白布，走路像疾风似的有劲；但最有意思的是他的脑袋，椭圆的脸盘，扁平的前额上斜撩着一两卷短发，眼睛不大但显示异常的决断力，颧骨也长得高，像一个有威权的人；他每回来伺候你的神情简直要你发抖：他不是来伺候，他是来试你的胆量，（我想胆子小些的客人见了他真会哭的！）他手里的杯盘刀叉就像是半空里下冰雪，一片片直削到你的面前，叫你如何不心寒；他也不知怎的有那么大气，绷紧着一张脸，我始终不曾见他露过些微的笑容；我也曾故意比着可笑的手势想博他一个和善些的顾盼，谁知不行，他的脸上笼罩着西伯利亚一冬的严霜，轻易如何消得；真的，他那肃杀的气概不仅是为威吓外来的过客，因为他对他的同僚我留神观察也并没有更温和的嘴脸；顶叫人不舒服的是他那口角边总是紧紧地咬着一枝半焦的俄国纸烟，端菜时也在那里，说话时也在那里，仿佛他一腔的愤慨只有永远嚼紧着牙关方可以勉强地耐着！后来看惯了倒也不觉得什么，我可是替他题上一个确切不过的徽号，叫他作"饭车里的拿破仑"，我那意大利朋友十二分地称赞我，因为他那体魄，他那神气，他的坚决，尤其是他前额上斜着的几根小发，有时他悻悻地独自在餐车那一头站着，紧攒着肩头，一只手贴着前胸，谁说这不是拿翁再世的相儿？

　　西伯利亚只是人少，并不荒凉。天然的景色亦自有特色，并不单调；贝加尔湖周围最美，乌拉尔一带连绵的森林亦不可忘。天气晴爽时空气竟像是透明的，亮极了，再加地面上雪光的反映，真叫你耀眼。你们住惯城里的难得有机会饱尝清洁的空气。下回你们要是路过西伯利亚或是同样地方，千万不要躲懒，逢站停车时，不论天气怎样冷，总得下去散步，借冰清尖锐的气流洗净你恶浊的肺胃。那真是一个快乐，不仅你的鼻孔，就是你面上与颈根上露在外面的毛孔，都受着最甜美的洗礼，给你倦懒的性灵一剂绝烈的刺戟，给你松散的筋肉一个有力的约束，激荡你的志气，加添你的生命。

再有，你们过西伯利亚时记着，不要忙吃晚饭，牺牲最柔媚的晚景。雪地上的阳光有时幻成最娇嫩的彩色，尤其是夕阳西渐时，最普通是银红，有时鹅黄稍带绿晕。四年前我游小瑞士时初次发现雪地里光彩的变幻，这回过西伯利亚看得更满意；你们试想像晚风静定时在一片雪白平原上，疏玲玲的大树间，斜刺里平添出几大条鲜艳的彩带，是幻是真，是真是幻，那妙趣到你亲身经历时从容地辨认吧。

但我此时却不来复写我当时的印象，那太吃苦了，你们知道这逼紧了你的记忆召回早已消散了的景色，再得应用想象的光辉照出他们颜色的深浅，是一件极伤身的工作，比发寒热时出汗还凶。并且这来碰着记不清的地方你就得凭空造，那你们又不愿意了不是？好，我想出了一个简便的办法，我这本记事册的前面有几页当时随兴涂下的杂记。我就借用不是省事，就可惜我做事情总没有常性，什么都只是片断，那几段琐记又是在车上用铅笔写的英文，十个字里至少有五个字不认识，现在要来对号，真不易！我来试试。

（一）西伯利亚并不坏，天是蓝的，日光是鲜明的、暖和的，地上薄薄的铺着白雪，矮树，丛草，白皮松，到处看得见。稀稀的住人的木房子。

（二）方才过一站，下去走了一走，顶暖和。一个十岁左右卖牛奶的小姑娘手里拿瓶子卖鲜牛奶给我们。她有一只小圆脸，一双聪明的蓝眼，白净的皮肤，清秀有表情的面目。她脚上的套鞋像是一对张着大口的黄鱼，她的裤子也是古怪的样子，我的朋友给她一个半卢布的银币。她的小眼睛滚上几滚，接了过去仔细地查看，她开口问了。她要知道这钱是不是真的通用的银币；"好的，好的，自然好的！"旁边站着看的人（俄国车站上多的是闲人）一齐喊了。她露出一点子的笑容，把钱放进了口袋，一瓶牛奶交给客人，翻着小眼对我们望望，转身快快地跑了去。

（三）入境愈深，当地人民的苦况益发的明显。今天我在赤塔站上留心地看。褴褛的小孩子，从三四岁到五六岁，在站上问客人讨钱，并且也不是客气的讨法，似乎他们的手伸了出来决不肯空了回去的。不但在月台上，连站上的饭馆里都有，无数成年的男女，也不知做什么来的，全靠着我们吃饭处的木栏，斜着他们呆钝的不移动的注视，看着你蒸气的热汤或是你肘子边长条的面包。他们的样子并不恶，也不凶，可是晦塞而且阴沉，看着他们的面貌，你不由得不疑问这里的人民知不知道什么是自然的喜悦的笑容。笑他们当然是会得的；尤其是狂笑当他们受足了 Vodka（伏特加）的影响，但那时的笑是不自然的，表示他们的变态，不是上帝给我们的喜悦。这西伯利亚的土人，与其说是受一个有自制力的脑府支配的人的身体，不如说是一捆捆的原始的人道，装在破烂的黑色或深黄色的布褂与奇大的毡鞋里。他们行动，他们工作，无非是受他们内在的饿的力量所驱使，再没有别的可说了。

（四）在 lrkutsk（伊尔库茨克）车停一时许，他们全下去走路，天早已黑了，站内的光亮只是几只贴壁的油灯，我们本想出站，却反经过一条夹道走进了那普通待车室，在昏迷的灯光下辨认出一屋子黑魆魆的人群，那景象我再也忘不了，尤其是那气味！悲悯心禁止我尽情地描写；丹德假如到此地来过，他的地狱里一定另添一番色彩！对面街上有一山东人开着一家小烟铺，他说他来了二十年，积下的钱还不够他回家。

（五）俄国人的生活我还是懂不得。店铺子窗户里放着的各式物品是容易认识的，但管铺子做生意的那个人，头上戴着厚毡帽，脸上满长着黄色的细毛，是一个不可捉摸的生灵；拉车的马甚至那奇形的雪橇是可以领会的，但那赶车的紧裹在他那异样的袍服里，一只戴皮套的手扬着一根古旧的皮鞭，是一个不可思议的现象。

我怎样来形容西伯利亚天然的美景？气氛是晶澈的，天气澄爽时的天蓝是我们在灰沙里过日子的所不能想象的异景。森林是这里的特色：连绵，深厚，严肃，有宗教的意味。西伯利亚的林木都是直干的；不同是松，是白杨是青松或是灌木类的矮树丛，每株树的尖顶总是正对着天心。白杨林最多，像是带旗帜的军队，各式的军徽奕奕地闪亮着；兵士们屏息地排列着，仿佛等候什么严重的命令。松树林也多茂盛的：杆子不大，也不高，像是稚松，但长得极匀净，像是园丁早晚修饰的盆景。不错，这些树的倔强的小曲性是西伯利亚或许是俄罗斯最明显的特性。

——我窗外的景色极美；夕阳正从西北方斜照过来，天空，嫩蓝色的，是轻敷着一层纤薄的云气，平望去都是齐整的树林，严青的松，白亮的杨，浅棕的笔竖的青松——在这雪白的平原上形成一幅色彩融和的静景。树林的顶尖尤其是美，他们在这肃静的晚景中正像是无数寺院的尖阁排列着，对高高的蓝天默祷。在这无边的雪地里有时也看得见住人的小屋，普通是木板造屋顶铺瓦颇像中国房子，但也有黄或红色砖砌的。人迹是难得看见的；这全部风景的情调是静极了，缄默极了，倒像是一切动性的事物在这里是不应得有位置的；你有时也看得见迟钝的牲口在雪地的走道上慢慢地动着，但这也不像是有生活的记认……

徐志摩

徐志摩
莫斯科

啊，莫斯科！曾经多少变乱的大城！罗马是一个破烂的旧
梦，爱寻梦的你去；纽约是 Mammon（财神）的宫阙，拜金钱
的你去；巴黎是一个肉艳的大坑，爱荒淫的你去；伦敦是一个
煤烟的市场，慕文明的你去。但莫斯科⋯⋯这里没有光荣的古
迹，有的是血污的近迹；这里没有繁华的幻景，有的是斑驳的
寺院；这里没有和暖的阳光，有的是泥泞的市街；这里没有人
道的喜色，有的是伟人的恐怖与黑暗、惨酷、虚无的暗示。暗
森森的雀山，你站着；半冻的莫斯科河，你流着。在前往二十
世纪的漫游中，莫斯科是领路的指南针；在未来文明变化的经
程中，莫斯科是时代的象征。古罗马的牌坊是在残阙的简页中，
是在破碎的乱石间；未来莫斯科的牌坊是在文明的骸骨间，是
在人类鲜艳的血肉间。莫斯科，集中你那伟大的破坏的天才，

一手拿着火种，一手拿着杀人的刀，趁早完成你的工作，好叫千百年后奴性的人类的子孙，多多地来，不断地来，像他们现在去罗马一样，到这暗森森的雀山的边沿，朝拜你的牌坊，纪念你的劳工，讴歌你的不朽！

这是我第一天到莫斯科在 Kremlin（克里姆林宫）周围散步时心头涌起杂感的一斑。那天车到时是早上六时，上一天路过的森林，大概在 Vladimir（弗拉基米尔，苏联西部城市）一带，多半是叫几年来战争摧残了的，几百年的古松只存下烧毁或剔残的余骸纵横在雪地里，这底下更不知掩盖着多少残毁的人体，冻结着多少鲜红的热血。沟堑也有可辨认的，虽则不甚分明，多谢这年年的白雪，他来填平地上的丘壑，掩护人类的暴迹，省得伤感派的词客多费推敲，但这点战场的痕迹，引起过路人惊心的标记。在将到莫斯科以前的确是一个切题的引子。你一路来穿度这西伯利亚白茫茫人迹稀有的广漠，偶尔在这里那里看到俄国人的生活，艰难、缄默、忍耐的生活；你也看了这边地势的特性，贝加尔湖边雄踞的山岭，乌拉尔东西博大的严肃的森林，你也尝着了这里空气异常的凛冽与尖锐，像钢丝似的直透你的气管，逼迫你的清醒——你的思想应得已经受一番有力的洗刷，你的神经一种新奇的戟刺，你从贵国带来的灵性，叫怠惰、苟且、顽固、龌龊，与种种堕落的习惯束缚、压迫、淤塞住的，应得感受一些解放的动力，你的功名心、利欲、色业翳蒙了眸子也应得觉着一点新来的清爽，叫他们睁开一些，张大一些，前途有得看；应得看的东西多着，即使不是你灵魂绝对的滋养，至少是一帖兴奋剂，防瞌睡的强烈性注射！

因此警醒！你的心；开张！你的眼；——你到了俄国，你到了莫斯科，这巴尔的克海以东，白令峡以西，北冰洋以南，尼也帕河以北千万里雪盖的地圈内一座着火的血红的大城！

在这大火中最先烧烂的是原来的俄国，专制的，贵族的，奢侈的，淫靡的，ancienregimv（法语，旧制度），全没了；曳长裙的贵妇人，镶金的马车，献鼻烟壶的朝贵，猎装的世家子弟，全没了；托尔斯泰与屠及尼夫小说中的社会全没了——他们并不曾绝迹，在巴黎，在波兰，在纽约，在罗马，你倘然会见什么伯爵夫人仆么 vsky（夫斯基）或是子爵夫人什么 owner（拥有者），那就是叫大火烧跑的难民。他们，提起俄国就不愿意。他们会告诉你现在的俄国不是他们的国了，那是叫魔鬼占据了去的（因此安琪儿们只得逃难）！俄国的文化是荡尽的了，现在就靠流在外国的一群人，诗人、美术家，等等，勉力来代表斯拉夫的精神。如其他们与你讲得投机时，他们就会对你悲惨的历诉他们曾经怎样的受苦，怎样的逃难，他们本来那所大理石的庄子现在怎样了，他们有一个妙龄的侄女在乱时叫他们怎样了……但他们盼望的日子已经很近，那班强盗倒运，因为上帝是有公道的，虽则……

你来莫斯科当然不是来看俄国的旧文化来的，但这里却也不定有"新文化"，那是贵国的专利；这里来见的是什么你听着我讲。

你先抬头望天。青天是看不见的，空中只是迷蒙的半冻的云气，这天（我见的）的确是一个愁容的、服丧的天；阳光也偶尔有，但也只在云罅里力乏的露面，不久又不见了，像是楼居的病人偶尔在窗纱间看街似的。

现在低头看地。这三月的莫斯科街道应当受咒诅。在大寒天满地全铺着雪凝成一层白色的地皮也是一个道理；到了春天解放时雪全化了，水流入河去，露出本来的地面，也是一个说法；但这时候的天时可真是刁难了，他不给你全冻，也不给你全化；白天一暖，浮面的冰雪化成了泥泞，回头风一转向又冻上了，同时雨雪还是连连地下，结果这街道简直是没法收拾，他们也就不收拾，让他"一塌糊涂"地窝着，反正总有一天会干净的！（所以你要这时候到俄国千万别忘带橡皮套鞋。）

再来看街上的铺子。铺子是伺候主客的，瑞蚨祥的主顾全没了的话，瑞蚨祥也只好上门。这里漂亮的奢侈的店铺是看不见的了，顶多顶热闹的铺子是吃食店，这大概是政府经理的；但可怕的是这边的市价：太太的丝袜子听说也买得到，但得花十五二十块钱一双；好些的鞋在四十元左右，橘子大的七毛五小的五毛一只；我们四个人在客栈吃一顿早饭，连税共付了二十元……此外类推。

再来看街上的人。先看他们的衣着，再看他们的面目。这里衣着的文化，自从贵族匿迹，波淇洼（bourgeois，资产阶级）销声以后，当然是"荡尽"的了；男子的身上差不多不易见一件白色的衬衫，不必说鲜艳的领结（不带领结的多），衣服要寻一身勉强整洁的就少；我碰着一位大学教授，他的衬衣大概就是他的寝衣，他的外套像是一个癞毛黑狗皮统，大概就是他的被窝，头发是一团茅草再也看不出曾经爬梳过的痕迹，满面满腮的须毛也当然自由地滋长，我们不期望他有安全剃刀；并且这位先生决不是名流派的例外，我猜想现在在莫斯科会得到的"琴笃儿们"多少也就只这样的体面；你要知道了他们起居生活的情形就不会觉得诧异。惠尔思先生在四五年前形容莫斯科科学馆的一群科学先生们，说是活像监牢里的犯人或是地狱里的饿鬼。我想他的比况一点也不过分。乡下人我没有看见，但是我想不会怎样离奇的。西伯利亚的乡下人，着黄胡子穿大头靴子的，与俄国本土的乡下人应得没有多大分别。工人满街多的是，他们在衣着上并没有出奇的地方，只是襟上戴列宁徽章的多。小学生的游行团常看得见，在烂污的街心里一群乞丐似的黑衣小孩拿着红旗，打着皮鼓瑟，咚咚地过去。做小买卖在街上摆摊提篮的不少，很多是残废的男子与老妇人，卖的是水果、烟卷、面包、朱古力糖（吃不得）等。（路旁木亭子里卖书报处也有小吃卖。）

街上见的娘们分两种：一种是好百姓家的太太小姐，她们穿得大都很勉强，丝袜不消说是看不觅的；还有一种是共产党的女同志，她们不同的地方除了神态举止以外是她们头上的红巾或是红帽，不是巴黎的时式（红帽），在雪泥斑驳的街道上倒是一点喜色！

什么都是相对的。那年我与陈博生从英国到佛朗德福那天正是星期，道上不问男女老少都是衣服铺、裁缝店里的模型，这一比他与我这风尘满身的旅客真像是外国叫花子了！这回在莫斯科我又觉得窘，可不为穿得太坏，却为穿得太阔。试想在那样的市街上，在那样的人丛中，晦气是本色，褴褛是应分，忽然来了一个头戴獭皮大帽、身穿海龙领（假的）的皮大氅的外客；可不是唱戏似的走了板，错太远了，别说我，就是我们中国学生在莫斯科的（当然除了东方大学生）也常常叫同学们眨眼说他们是"波淇洼"，因为他们身上穿的是荣昌祥或是新记的蓝哔叽！这样看来，改造社会是有希望的；什么习惯都打得破，什么标准都可以翻身，什么思想都可以颠倒，什么束缚都可以摆脱，什么衣服都可以反穿……将来我们这两脚行动厌倦了时，竟不妨翻新样叫两只手帮着来走，谁要再站起来就是笑话，那多好玩！

虽则严敛、阴霾、凝滞是寒带上难免的气象，但莫斯科人的神情更是分明的忧郁、惨淡，见面时不露笑容，谈话时少有精神，仿佛他们的心上都压着一个重量似的。

这自然流露的笑容是最不可勉强的。西方人常说中国人爱笑，比他们会笑得多，实际上怎样我不敢说，但西方人见着中国人的笑，我怕不免有好多是急笑、傻笑、无谓的笑，代表一切答话的笑；犹之俄国人的笑多半是 Vodka（伏特加）入神经的笑，热病的笑，疯笑，陀斯妥耶夫斯基的 idiot（白痴）的笑！那都不是真的喜笑，健康与快乐的表情。其实也不必莫斯科，现世界的大都会，有哪几处的人们的表情是自然的？ Dublin（都柏林，爱尔兰都城）听说是快乐的，维也纳听说是活泼的，但我曾经到过的只有巴黎的确可算是人间的天堂，那边的笑脸像三月里的花似的不倦地开着，此外就难说了；纽约、芝加哥、柏林、伦敦的群众与空气多少叫你旁观人不得舒服，往往使你疑心错人了什么精神病院或是"偏心"病院，叫你害怕，巴不得趁早告别，省得传染。

　　现在莫斯科有一个稀奇的现象，我想你们去过的一定注意得到，就是男子抱着吃奶的小孩在街上走道，这在西欧是永远看不见的。这是苏维埃以来的情形。现在的法律规定一个人不得多占一间以上的屋子，听差、老妈子、下女、奶妈不消说，当然是没有的了，因此年轻的夫妇或是一同居住的男女，对于生育就得格外地谨慎，因为万一不小心下了种的时候，在小孩能进幼稚园以前这小宝贝的负担当然完全在父母的身上。你们姑且想想你们现在北京的，至少总有几间屋子住，至少总有一个老妈子伺候，你们还时常嫌着这样那样不称心哪！但假如有一天莫斯科的规矩行到了我们北京，那时你就得乖乖地放弃你的宅子，听凭政府分配去住东花厅或是西花厅的那一间屋子，你同你的太太就得另做人家，桌子得自己擦，地得自己扫，饭得自己烧，衣服得自己洗，有了小东西就得自己管，有时下午你们夫妻俩想一同出去散步的话，你总不好意思把小宝贝锁在屋子里，结果你得带走，你又没钱去买推车，你又不好意思叫你太太受累（那时候你与你的太太感情会好些的，我敢预言！）结果只有老爷自己抱，但这男人抱小孩其实是看不惯，他又往往不会抱——一个"蜡烛封"在他的手里，他不知道直着拿好还是横着拿好；但你到了莫斯科不看惯也得看惯，到那一天临着你自己的时候，老爷你抱不惯也得抱他惯！我想果真有那一天的时候，生小孩决不会像现在的时行，竟许山格夫人与马利司徒博士等比现在还得加倍的时行；但照莫斯科情形看来，未来的小安琪儿们还用不着过分地着急——也许莫斯科的父母没有余钱去买"法国橡皮"，也许苏维埃政府不许父母们随便用橡皮，我没有打听清楚。

我真笨，没有到以前，我竟以为莫斯科是一个完全新起的城子，我以为亚历山大烧拿破仑那一把火竟花上了整个莫斯科的大本钱，连 Kremlin（皇城）都乌焦了的，你们都知道拿破仑想到莫斯科去吃冰淇淋那一段热闹的故事，俄国人知道他会打，他们就躲着不给他打，一直诱着他深入俄境，最后给他一个空城，回头等他在 Kremlin 躺下了休息的时候，就给他放火，东边一把，西边一把，闹着玩，不但不请冰淇淋吃，连他带去的巴黎饼干，人吃的，马吃的，都给烧一个精光，一面天公也给他作对，北风一层层地吹来，雪花一片片地飞来，拿翁知道不妙，连忙下令退兵已经太迟，逃到了 Berezina（别列津纳河。一八一二年拿破仑从莫斯科撤退时，在河边与俄罗斯追兵发生激战）那地方，叫哥萨克的丈八蛇矛"劫杀横来"，几十万的常胜军叫他们切菜似的留不到几个，就只浑身烂污泥的法兰西大皇帝忙里捞着一匹马冲出了战场，逃回家去半夜里叫门，可怜 Berezina 河两岸的冤鬼到如今还在那里唏嘘，这盘糊涂账是无从算起的了！

但我在这里重提这些旧话，并不是怕你们忘记了拿破仑，我只是提醒你们俄国人的辣手，忍心破坏的天才原是他们的种性，所以拿破仑听见 Kremlin 冒烟的时候，连这残忍的魔王都跳了起来——"什么？"他说："连他们祖宗的家院都不管了！"正是：斯拉夫民族是从不稀罕小胜仗的，要来就给你一个全军覆没。

莫斯科当年并不曾全毁，不但皇城还是在着，四百年前的教堂都还在着。新房子虽则不少，但这城子是旧的。我此刻想起莫斯科，我的想象幻出了一个年老退伍的军人，战阵的暴烈已经在他年纪里消隐，但暴烈的遗迹却还明明地在着，他颊上的刃创，他颈边的枪瘢，他的空虚的注视，他的倔强的鬓须，都指示他曾经的生活；他的衣服也是不整齐的，但这衣着的破碎也仿佛是他人格的一部，石上的苍苔似的，斑驳的颜色已经染蚀了岩块本体。在这苍老的莫斯科城内，竟不易看出新生命的消息——也许就只那新起的白宫，屋顶上飘扬着鲜艳的红旗，在赭黄、苍老的 Kremlin 城围里闪亮着的，会得引起你注意与疑问，疑问这新来的色彩竟然大胆地侵占了古迹的中心，扰乱原来的调谐。这决不是偶然，旅行人！快些擦净你风尘眯倦了的一双眼，仔细地来看看，竟许那看来平静的旧城子底下，全是炸裂性的火种，留神！回头地壳都烂成齑粉，慢说地面上的文明！

其实真到炸的时候，谁也躲不了，除非你趁早带了家眷逃火星上面去——但火星本身炸不炸也还是问题。这几分钟内大概药线还不至于到根，我们也来赶早，不是逃，赶早来多看看这看不厌的地面。那天早上我一个人在那大教寺的平台上初次瞭望莫斯科，脚下全是滑溜的冻雪，真不易走道，我闪了一两次，但是上帝受赞美，那莫斯科河两岸的景色真是我不期望的眼福，要不是那石台上要命的滑，我早已惊喜得高跳起来！方向我是素来不知道的，我只猜想莫斯科河是东西流的，但那早上又没有太阳，所以我连东西都辨不清，我很可惜不曾上雀山出去，学拿破仑当年，回头望冻云笼罩着的莫斯科，一定别有一番气概，但我那天看着的也就不坏，留着雀山下一次再去，也许还来得及。在北京的朋友们，你们也趁早多去景山或是北海饱看看我们独有的"黄瓦连云"的禁城，那也是一个大观，在现在脆性的世界上，今日不知明日事，"趁早"这句话真有道理，回头北京变了第二个圆明园，你们软心肠地再到交民巷去访着色相片，老皱着眉头说不成，那不是活该！

如其北京的体面完全是靠皇帝，莫斯科的体面大半是靠上帝。你们见过希腊教的建筑没有？在中国恐怕就只哈尔滨有。那建筑的特色是中间一个大葫芦顶，有着色的，蓝的多，但大多数是金色，四角上又是四个小葫芦顶，大小的比称很不一致，有的小得不成样，有的与中间那个不差什么。有的花饰繁复，受东罗马建筑的影响，但也有纯白石造的，上面一个巨大的金顶，比如那大教堂，别有一种朴素的宏严。但最奇巧的是皇城外面那个有名的老教堂，大约是十六世纪完工的，那样子奇极了，你看了永远忘不了，像是做了最古怪的梦。基子并不大，那是俄国皇家做礼拜的地方，所以那儿供奉与祈祷的位置也是逼仄的。顶一共有十个，排列的程序我不曾看清楚，各个的式样与着色都不同：有的像我们南边的十楞瓜；有的像岳传里严成方手里拿的铜锤；有的活像一只菠萝蜜竖在那里；有的像一圈火蛇，一个光头探在上面；有的像隋唐传里单二哥的兵器，叫什么枣阳槊是不是？总之那一堆光怪的颜色，那一堆离奇的式样，我不但从没有见过，简直连梦里都不曾见过——谁想得到菠萝蜜、枣阳槊都会跑到礼拜堂顶上去的！

莫斯科像一个蜂窝，大小的教堂是他的蜂房。全城共有六百多（有说八百）的教堂，说来你也不信，纽约城里一个街角上至少有一家冰淇淋沙达店，莫斯科的冰淇淋沙达店是教堂。有的真神气，戴着真金的顶子在半空里卖弄；有的真寒碜，一两间小屋子，一个烂芋头似的尖顶，挤在两间壁几层屋子的中间，气都喘不过来。据说革命以来，俄国的宗教大吃亏，这几年不但新的没法造，旧的都没法修，那菠萝蜜做顶的教堂里的教士，隐约地讲些给我们听，神情怪凄惨的。这情形中国人看来真想不通，宗教会得那样有销路，仿佛祷告比吃饭还起劲，做礼拜比做面包还重要。到我们绍兴去看看——"五家三酒店，十步九茅坑"，庙也有的，在市梢头，在山顶上，到初一月半再去不迟——那是何等的近人情，生活何等的有分称。东西的人生观这一比可差得太远了！

再回到那天早上，初次观光莫斯科。不曾开冻的莫斯科河上面盖着雪，一条玉带似的横在我的脚下，河面上有不少的乌鸦在那里寻食吃。莫斯科的乌鸦背上是灰色的，嘴与头颈也不像平常的那样贫相，我先看竟当是斑鸠！皇城在我的左边，默沉沉地包围着不少雄伟的工程，角上塔形的嘹台上隐隐有重裹的卫兵巡哨的影子，塔不高，但有一种凌视的威严，颜色更是苍老，像是深赭色的火砖，他仿佛告诉你："我们是不怕光阴，更不怕人事变迁的，拿破仑早去了，罗曼诺夫家完了，可仑斯基跑了，列宁死了，时间的流波里多添一层血影，我的墙上加深一层老苍，我是小怕老的，你们人类抵抵拼拼再流几次热血？"我的右手就是那大金顶的教寺；隔河望去竟像是一只盛开的荷花池，葫芦顶是莲花，高梗的、低梗的、浓艳的、澹素的、轩昂的、葳蕤的——就可惜阳光不肯出来，否则那满池的金莲更加亮一重光辉，多放一重异彩，恐怕西王母见了都会羡慕哩！

徐志摩

我所知道的康桥

（一）

我这一生的周折，大都寻得出感情的线索。不论别的，单说求学。我到英国是为要从卢梭（罗素，1872 年—1970 年）。卢梭来中国时，我已经在美国。他那不确的死耗传到的时候，我真的出眼泪不够，还做悼诗来了。他没有死，我自然高兴。我摆脱了哥伦比亚大博士衔的引诱，买船票过大西洋，想跟这位二十世纪的福禄泰尔（伏尔泰，1694 年—1778 年）认真念一点书去。谁知一到英国才知道事情变样了：一为他在战时主张和平，二为他离婚，卢梭叫康桥给除名了，他原来是 Trinity College（三一学院）的 fellow（评议员），这来他的 fellowship（评议员资格）也给取消了，他回英国后就在伦敦住下，夫妻两人卖文章过日子。因此我也不曾遂我从学的始愿。我在伦敦政治经济学院里混了半年，正感着闷想换路走的时候，我认识了狄更生先生。狄更生——Galsworthy Lowes Dickinson——是一个有名的作者，他的《一个中国人通信》（*Letters from John Chinaman*）与《一个现代聚餐谈话》（*A Modern Symposium*）两本小册子早得了我的景仰。我第一次会着他是在伦敦国际联盟协会席上，那天林宗孟先生演说，他做主席；第二次是宗孟寓里吃茶，有他。以后我常到他家里去。他看出我的烦闷，劝我到康桥去，他自己是王家学院（King's College）的 fellow。我就写信去问两个学院，回信都说学额早满了，随后还是狄更生先生替我去在他的学院里说好了，给我一个特别生的资格，随意选科听讲。从此黑方巾、黑披袍的风光也被我占着了。初起我在离康桥六英里的乡下叫沙士顿地方租了几间小屋住下，同居的有我从前的夫人张幼仪女士与郭虞裳君。每天一早我坐街车（有时自行车）上学，到晚回家。这样的生活过了一个春，但我在康桥还只是个陌生人谁都不认识。康桥的生活，可以说完全不曾尝着，我知道的只是一个图书馆，几个课室，和三两个吃便宜饭的茶食铺子。狄更生常在伦敦或是大陆上，所以也不常见他。那年的秋季我一个人回到康桥整整有一学年，那时我才有机会接近真正的康桥生活，同时我也

徐志摩

161

慢慢地"发现"了康桥。我不曾知道过更大的愉快。

（二）

"单独"是一个耐寻味的现象。我有时想它是任何发现的第一个条件。你要发现你的朋友的"真"，你得有与他单独的机会。你要发现你自己的真，你得给你自己一个单独的机会。你要发现一个地方（地方一样有灵性），你也得有单独玩的机会。我们这一辈子，认真说，能认识几个人？能认识几个地方？我们都是太匆忙，太没有单独的机会。说实话，我连我的本乡都没有什么了解。康桥我要算是有相当交情的，再次许只有新认识的翡冷翠（佛罗伦萨）了。啊，那些清晨，那些黄昏，我一个人发痴似的在康桥！绝对的单独。

但一个人要写他最心爱的对象，不论是人是地，是多么使他为难的一个工作？你怕，你怕描坏了它，你怕说过分了恼了它，你怕说太谨慎了辜负了它。我现在想写康桥，也正是这样的心理，我不曾写，我就知道这回是写不好——况且又是临时逼出来的事情。但我却不能不写，上期预告已经出去了。我想勉强分两节写：一是我所知道的康桥的天然景色；一是我所知道的康桥的学生生活。我今晚只能极简地写些，等以后有兴会时再补。

（三）

康桥的灵性全在一条河上；康河，我敢说是全世界最秀丽的一条水。河的名字是葛兰大（Granta），也有叫康河（River Cam）的，许有上下流的区别，我不甚清楚。河身多的是曲折，上游是有名的拜伦潭——"Byron's Pool"——当年拜伦常在那里玩的；有一个老村子叫格兰骞斯德，有一个果子园，你可以躺在累累的桃李荫下吃茶，花果会掉入你的茶杯，小雀子会到你桌上来啄食，那真是别有一番天地。这是上游。下游是从骞斯德顿下去，河面展开，那是春夏间竞舟的场所。上下河分界处有一个坝筑，水流急得很，在星光下听水声，听近村晚钟声，听河畔倦牛刍草声，是我康桥经验中最神秘的一种：大自然的优美、宁静，调谐在这星光与波光的默契中不期然地淹入了你的性灵。

但康河的精华是在它的中权，著名的"Backs"，这两岸是几个最蜚声的学院的建筑。从上面下来是 Pembroke, St. Katharine's, King's, Clare, Trinity, St. John's。最令人流连的一节是克莱亚与王家学院的毗连处，克莱亚的秀丽紧邻着王家教堂（King's Chapel）的宏伟。别的地方尽有更美更庄严的建筑，例如巴黎塞纳河的卢浮官一带，威尼斯的利阿尔多大桥的两岸，翡冷翠维基乌大桥的周遭；但康桥的"Backs"自有它的特长，这不容易用一二个状词来概括，它那脱尽尘埃气的一种清彻秀逸的意境可说是超出了画图而化生了音乐的神味。再没有比这一群建筑更调谐更匀称的了！论画，可比的许只有柯罗（Corot）的田野；论音乐，可比的许只有肖邦（Chopin）的夜曲。就这也不能给你依稀的印象，它给你的美感简直是神灵性的一种。

假如你站在王家学院桥边的那棵大椈树荫下眺望，右侧面，隔着一大方浅草坪，是我们的校友居（fellows building），那年代并不早，但它的妩媚也是不可掩的，它那苍白的石壁上春夏间满缀着艳色的蔷薇在和风中摇颤，更移左是那教堂，森林似的尖阁不可溷的永远直指着天空；更左是克莱亚，啊！那不可信的玲珑的方庭，谁说这不是圣克莱亚（St. Clare）的化身，哪一块石上不闪耀着她当年圣洁的精神？在克莱亚后背隐约可辨的是康桥最潢贵最骄纵的三一学院（Trinity），它那临河的图书楼上坐镇着拜伦神采惊人的雕像。

但这时你的注意早已叫克莱亚的三环洞桥魔术似的摄住。你见过西湖白堤上的西泠断桥不是？（可怜它们早已叫代表近代丑恶精神的汽车公司给铲平了，现在它们跟着苍凉的雷峰永远离别了人间。）你忘不了那桥上斑驳的苍苔，木栅的古色，与那桥拱下泄露的湖光与山色不是？克莱亚并没有那样体面的衬托，它也不比庐山楼贤寺旁的观音桥，上瞰五老的奇峰，下临深潭与飞瀑；它只是怯伶伶的一座三环洞的小桥，它那桥洞间也只掩映着细纹的波鳞与婆娑的树影，它那桥上栉比的小穿兰与兰节顶上双双的白石球，也只是村姑子头上不夸张的香草与野花一类的装饰；但你凝神地看着，更凝神地看着，你再反省你的心境，看还有一丝屑的俗念沾滞不？只要你审美的本能不曾汩灭时，这是你的机会实现纯粹美感的神奇！

但你还得选你赏鉴的时辰。英国的天时与气候是走极端的。冬天是荒谬的坏，逢着连绵的雾盲天你一定不迟疑的甘愿进地狱本身去试试；春天（英国是几乎没有夏天的）是更荒谬的可爱，尤其是它那四五月间最渐缓最艳丽的黄昏，那才真是寸寸黄金。在康河边上过一个黄昏是一服灵魂的补剂。啊！我那时蜜甜的单独，那时蜜甜的闲暇。一晚又一晚的，只见我出神似的倚在桥栏上向西天凝望：

看一回凝静的桥影，

数一数螺钿的波纹：

我倚暖了石栏的青苔，

青苔凉透了我的心坎；……

还有几句更笨重的怎能仿佛那游丝似轻妙的情景：

难忘七月的黄昏，远树凝寂，

像墨泼的山形，衬出轻柔瞑色。

密稠稠，七分鹅黄，三分橘绿，

那妙意只可去秋梦边缘捕捉；……

（四）

这河身的两岸都是四季常青最葱翠的草坪。从校友居楼上望去，对岸草场上，不论早晚，永远有十数匹黄牛与白马，胫蹄没在恣蔓的草丛中，从容地在咬嚼，星星的黄花在风中动荡，应和着它们尾鬃的扫拂。桥的两端有斜倚的垂柳与椈荫护住。水是澈底的清澄，深不足四尺，匀匀地长着长条的水草。这岸边的草坪又是我的爱宠，在清朝，在傍晚，我常去这天然的织锦上坐地，有时读书，有时看水；有时仰卧着看天空的行云，有时反扑着搂抱大地的温软。

但河上的风流还不止两岸的秀丽，你买船去玩。船不止一种：有普通的双桨划船，有轻快的薄皮舟（canoe），有最别致的长形撑篙船（punt）。最末的一种是别处不常有的：约莫有二丈长，三尺宽，你站直在船梢上用长竿撑着走的。这撑是一种技术。我手脚太蠢，始终不曾学会。你初起手尝试时，容易把船身横住在河中，东颠西撞的狼狈。英国人是不轻易开口笑人的，但是小心他们不出声的皱眉！也不知有多少次河中本来优闲的秩序叫我这莽撞的外行给捣乱了。我真的始终不曾学会；每回我不服输跑去租船再试的时候，有一个白胡子的船家往往带讥讽地对我说："先生，这撑船费劲，天热累人，还是拿个薄皮舟溜溜吧！"我哪里肯听话，长篙子一点就把船撑了开去，结果还是把河身一段段地腰斩了去。

你站在桥上去看人家撑，那多不费劲，多美！尤其在礼拜天有几个专家的女郎，穿一身缟素衣服，裙裾在风前悠悠地飘着，戴一顶宽边的薄纱帽，帽影在水草间颤动。你看她们出桥洞时的姿态，捻起一根竟像没分量的长竿，只轻轻的，不经心地往波心里一点，身子微微地一蹲，这船身便波地转出了桥影，翠条鱼似的向前滑了去。她们那敏捷，那轻盈，真是值得歌咏的。

在初夏阳光渐暖时你去买一支小船，划去桥边荫下躺着念你的书或是做你的梦，槐花香在水面上飘浮，鱼群的唼喋声在你的耳边挑逗。或是在初秋的黄昏，近着新月的寒光，望上流僻静处远去。爱热闹的少年们携着他们的女友，在船沿上支着双双的东洋红纸灯，带着话匣子，船心里用软垫铺着，也开向无人迹处去享他们的野福——谁不爱听那水底翻的音乐在静定的河上描写梦意与春光！

住惯城市的人不易知道季候的变迁。看见叶子掉知道是秋，看见叶子绿知道是春；天冷了装炉子，天热了拆炉子；脱下棉袍，换上夹袍，脱下夹袍，穿上单袍。不过如此罢了。天上星斗的消息，地下泥土里的消息，空中风吹的消息，都不关我们的事。忙着哪，这样那样事情多着，谁耐烦管星星的移转，花草的消长，风云的变幻？同时我们抱怨我们的生活、苦痛、烦闷、拘束、枯燥，谁肯承认做人是快乐？谁不多少间咒诅人生？

但不满意的生活大都是由于自取的。我是一个生命的信仰者，我信生活决不是我们大多数人仅仅从自身经验推得的那样暗惨。我们的病根是在"忘本"。人是自然的产儿，就比枝头的花与鸟是自然的产儿，但我们不幸是文明人，入世深似一天，离自然远似一天。离开了泥土的花草，离开了水的鱼，能快活吗？能生存吗？从大自然，我们取得我们的生命；从大自然，我们应分取得我们继续的资养。那一株婆娑的大木没有盘错的根柢深入在无尽藏的地里？我们是永远不能独立的。有幸福是永远不离母亲抚育的孩子，有健康是永远接近自然的人们。不必一定与鹿豕游，不必一定回"洞府"去；为医治我们当前生活的枯窘，只要"不完全遗忘自然"一张轻淡的药方我们的病象就有缓和的希望。在青草里打几个滚，到海水里洗几次浴，到高处去看几次朝霞与晚照——你肩背上的负担就会轻松了去的。

这是极肤浅的道理，当然。但我要没有过过康桥的日子，我就不会有这样的自信。我这一辈子就只那一春，说也可怜，算是不曾虚度。就只那一春，我的生活是自然的，是真愉快的！（虽则碰巧那也是我最感受人生痛苦的时期。）我那时有的是闲暇，有的是自由，有的是绝对单独的机会。说也奇怪，竟像是第一次，我辨认了星月的光明，草的青，花的香，流水的殷勤。我能忘记那初春的睥睨吗？曾经有多少个清晨我独自冒着冷去薄霜铺地的林子里闲步——为听鸟语，为盼朝阳，为寻泥土里渐次苏醒的花草，为体会最微细最神妙的春信。啊，那是新来的画眉在那边凋不尽的青枝上试它的新声！啊，这是第一朵小雪球花挣出了半冻的地面！啊，这不是新来的潮润沾上了寂寞的柳条？

静极了，这朝来水溶溶的大道，只远处牛奶车的铃声，点缀这周遭的沉默。顺着这大道走去，走到尽头，再转入林子里的小径，往烟雾浓密处走去，头顶是交枝的榆荫，透露着漠楞楞的曙色；再往前走去，走尽这林子，当前是平坦的原野，望见村舍，初青的麦田，更远三两个馒形的小山掩住了一条通道。天边是雾茫茫的，尖尖的黑影是近村的教寺。听，那晓钟和缓的清音。这一带是此帮中部的平原，地形像是海里的轻波，默沉沉的起伏；山岭是望不见的，有的是常青的草原与沃腴的田壤。登那土阜上望去，康桥只是一带茂林，拥戴着几处娉婷的尖阁。妩媚的康河也望不见踪迹，你只能循着那锦带似的林木想象那一流清浅。村舍与树林是这地盘上的棋子，有村舍处有佳荫，有佳荫处有村舍。这早起是看炊烟的时辰：朝雾渐渐的升起，揭开了这灰苍苍的天幕（最好是微霰后的光景），远近的炊烟，成丝的、成缕的、成卷的、轻快的、迟重的、浓灰的、淡青的、惨白的，在静定的朝气里渐渐地上腾，渐渐地不见，仿佛是朝来人们的祈祷，参差地翳入了天听。朝阳是难得见的，这初春的天气。但它来时是起早人莫大的愉快。顷刻间这田野添深了颜色，一层轻纱似的金粉糁上了这草，这树，这通道，这庄舍。顷刻间这周遭弥漫了清晨富丽的温柔。顷刻间你的心怀也分润了白天诞生的光荣。"春"！这胜利的晴空仿佛在你的耳边私语。"春"！你那快活的灵魂也仿佛在那里回响。

伺候着河上的风光，这春来一天有一天的消息。关心石上的苔痕，关心败草里的花鲜，关心这水流的缓急，关心水草的滋长，关心天上的云霞，关心新来的鸟语。怯伶伶的小雪球是探春信的小使。铃兰与香草是欢喜的初声。窈窕的莲馨，玲珑的石水仙，爱热闹的克罗克斯，耐辛苦的蒲公英与雏菊——这时候春光已是烂漫在人间，更不须殷勤问讯。

瑰丽的春放。这是你野游的时期。可爱的路政，这里不比中国，哪一处不是坦荡荡的大道？徒步是一个愉快，但骑自转车是一个更大的愉快，在康桥骑车是普遍的技术；妇人、稚子、老翁，一致享受这双轮舞的快乐。（在康桥听说自转车是不怕人偷的，就为人人都自己有车，没人要偷。）任你选一个方向，任你上一条通道，顺着这带草味的和风，放轮远去，保管你这半天的逍遥是你性灵的补剂。这道上有的是清荫与美草，随地都可以供你休憩。你如爱花，这里多的是锦绣似的草原。你如爱鸟，这里多的是巧啭的鸣禽。你如爱儿童，这乡间到处是可亲的稚子。你如爱人情，这里多的是不嫌远客的乡人，你到期处可以"挂单"借宿，有酪浆与嫩薯供你饱餐，有夺目的果鲜恣你尝新。你如爱酒，这乡间每"望"都为你储有上好的新酿，黑啤如太浓，苹果酒、姜酒都是供你解渴润肺的。……带一卷书，走十里路，选一块清静地，看天，听鸟，读书，倦了时，和身在草绵绵处寻梦去——你能想象更适情更适性的消遣吗？

陆放翁有一联诗句"传呼快马迎新月，却上轻舆趁晚凉"，这是做地方官的风流。我在康桥时虽没马骑，没轿子坐，却也有我的风流：我常常在夕阳西晒时骑了车迎着天边扁大的日头直追。日头是追不到的，我没有夸父的荒诞，但晚景的温存却被我这样偷尝了不少。有三两幅画图似的经验至今还是栩栩的留着。只说看夕阳，我们平常只知道登山或是临海，但实际只须辽阔的天际，平地上的晚霞有时也是一样的神奇。有一次我赶到一个地方，手把着一家村庄的篱笆，隔着一大田的麦浪，看西天的变幻。有一次是正冲着一条宽广的大道，过来一大群羊，放草归来的，偌大的太阳在它们后背放射着万缕的金辉，天上却是乌青青的，剩这不可逼视的威光中的一条大路、一群生物，我心头顿时感着神异性的压迫，我真的跪下了，对着这冉冉渐翳的金光。再有一次是更不可忘的奇景，那是临着一大片望不到头的草原，满开着艳红的罂粟，在青草里亭亭像是万盏的金光，阳光从褐色云斜着过来，幻成一种异样紫色，透明似的不可逼视，霎那间在我迷眩了的视觉中，这草田变成了……不说也罢，说来你们也是不信的！

一别二年多了，康桥，谁知我这思乡的隐忧？也想不别的，我只要那晚钟撼动的黄昏，没遮拦的田野，独自斜倚在软草里，看第一个大星在天边出现！

徐志摩

朱自清
（1898年—1948年）

威尼斯

1916年，朱自清中学毕业后考入北京大学预科，1917年升入本科哲学系，1920年修完全部课程提前毕业。毕业后先后就职于杭州第一师范、江苏省立八中，1925年任清华大学中文系教授。1931年8月，留学英国，进修语言学和英国文学，期间曾漫游法国、德国、荷兰、瑞士、意大利等欧洲五国。1932年7月回国，任清华大学中国文学系主任。1932年8月底,赴欧洲游学。1934年,出版《欧游杂记》和《伦敦杂记》。

威尼斯（Venice）是一个别致地方。出了火车站，你立刻便会觉得：这里没有汽车，要到哪儿，不是搭小火轮，便是雇"刚朵拉"（Gondola）。大运河穿过威尼斯像反写的 S，这就是大街。另有小河道四百一十八条，这些就是小胡同。轮船像公共汽车，在大街上走；"刚朵拉"是一种摇橹的小船，威尼斯所特有，它哪儿都去。威尼斯并非没有桥；三百七十八座，有的是。只要不怕转弯抹角，哪儿都走得到，用不着下河去。可是轮船中人还是很多，"刚朵拉"的买卖也似乎并不坏。

　　威尼斯是"海中的城"，在意大利半岛的东北角上，是一群小岛，外面一道沙堤隔开亚得里亚海。在圣马克方场的钟楼上看，团花簇锦似的东一块西一块在绿波里荡漾着。远处是水天相接，一片茫茫。这里没有什么煤烟，天空干干净净；在温

朱自清

和的日光中，一切都像透明的。中国人到此，仿佛在江南的水乡；夏初从欧洲北部来的，在这儿还可看见清清楚楚的春天的背影。海水那么绿，那么酽，会带你到梦中去。

　　威尼斯不单是明媚，在圣马克方场走走就知道。这个广场南面临着一道运河，场中偏东南便是那可以望远的钟楼。威尼斯最热闹的地方是这儿，最华妙庄严的地方也是这儿。除了西边，围着的都是三百年以上的建筑，东边居中是圣马克堂，却有了八九百年——钟楼便在它的右首。再向右是"新衙门"；教堂左首是"老衙门"。这两溜儿楼房的下一层，现在开满了铺子。铺子前面是长廊，一天到晚是来来去去的人。紧接着教堂，直伸向运河去的是公爷府；这个一半属于小方场，另一半便属于运河了。圣马克堂是方场的主人，建筑在十一世纪，原是卑赞廷式，以直线为主。十四世纪加上戈昔式的装饰，如尖拱门等；十七世纪又参入文艺复兴期的装饰，如阑干等。所以庄严华妙，兼而有之；这正是威尼斯的漂亮颈儿。教堂里屋顶与墙壁上满是碎玻璃嵌成的画，大概是真金色的底，蓝色或红色的圣灵像。这些像得非常肃穆。教堂的地是用大理石铺的，颜色花样种种不同。在那种空阔阴暗的氛围中，你觉得伟丽，也觉得森严。教堂左右那两溜儿楼房，式样各别，并不对称；钟楼高三百二十二英尺，也偏在一边儿。但这两溜房子都是三层，都有许多拱门，恰与教堂的门面与圆顶相称；又都是白石造成，越衬出教堂的金碧辉煌来。教堂右边是向运河去的路，是一个小方场，本来面目显得空阔些，钟楼恰好填了这个空子。好像我们戏里的大将出场，后面一杆旗子总是偏着取势；这方场的建筑，节奏其实是和谐不过的。十八世纪意大利卡那来陀（Ganaletto）一派画家专画威尼斯的建筑，取材于这方场的很多。德国德莱司敦画院中有几张，真好。

公爷府里有好些名人的壁画和屋顶画，丁陶来陀（Tintoretto，十六世纪）的大画《乐园》最著名，但更重要的是它建筑的价值。运河上有了这所房子，增加了不少颜色。这全然是戈昔式；动工在九世纪初，以后屡次遭火，屡次重修，现在的据说还是原来的式样。最好看的是它的西南两面：西南斜对着圣马克方场，南面正在运河上。在运河里看，真像在画中。它也是三层，下两层是尖拱门，一眼看去，无数的柱子。最下层的拱门简单疏阔，是载重的样子；上一层便繁密得多，为装饰之用；最上层却更简单，都是整块的墙面。墙面上用白的与玫瑰红的大理石砌成素朴的方纹，在日光里鲜明得像少女一般。威尼斯真不愧着色的能手。这所房子从运河中看，好像在水里。下两层是玲珑的架子，上一层才是屋子；这是很巧的结构，加上那艳而雅的颜色，令人有惝恍迷离之感。府后有太息桥；从前一边是监狱，一边是法院，狱囚提讯须过这里，所以得名。拜伦诗中曾咏此，因而便脍炙人口起来，其实也只是近世的东西。

　　威尼斯的夜曲是很著名的。夜曲本是一种抒情的曲子，夜晚在人家窗下随便唱。可是运河里也有：晚上在圣马克方场的河边上，看见河中有红绿的纸球灯，便是唱夜曲的船。雇了"刚朵拉"摇过去，靠着那个船停下，船在水中间，两边挨次排着"刚朵拉"在微波里荡着，像是两只翅膀。唱曲的有男有女，围着一张桌子坐，轮到了便站起来唱，旁边有音乐和着。曲词自然是意大利语，意大利的语音据说是最纯粹、最清朗，听起来似乎的确斩截些，女人的尤其如此——意大利的歌女是出名的。音乐节奏繁密，声情热烈，想来是最流行的"爵士乐"。在微微摇摆的红绿灯球底下，颤着酽酽的歌喉，运河上一片朦胧的夜也似乎透出玫瑰红的样子。唱完几曲之后，船上有人跨过来，反拿着帽子收钱，多少随意。不愿意听了，还可到第二处去。这个略略像当年的秦淮河的光景，但秦淮河却热闹得多。

　　从圣马克方场向西北去，有两个教堂在艺术上是很重要的。

一个是圣罗珂堂，旁边有一所屋子，墙上屋顶上满是画；楼上下大小三间屋，共六十二幅画，是丁陶来陀的手笔。屋里暗极，只有早晨看得清楚。丁陶来陀作画时，因地制宜，大部分只粗粗勾勒，利用阴影，叫人看了觉得是几经琢磨似的。"十字架"一幅在楼上小屋内，力量最雄厚。佛拉利堂在圣罗珂近旁，有大画家铁沁（Titian）和近代雕刻家卡奴洼（Ganova）的纪念碑。卡奴洼的，灵巧，是自己打的样子；铁沁的，宏壮，是十九世纪中叶才完成的。他的《圣处女升天图》挂在神坛后面，那朱红与亮蓝两种颜色鲜明极了，全幅气韵流动，如风行水上。倍里尼（GiovaniBellini）的"圣母像"，也是他的精品。他们都还有别的画在这个教堂里。

从圣马克方场沿河直向东去，有一处公园。从一八九五年起，每两年在此地开国际艺术展览会一次。今年是第十八届，加入展览的有意、荷、比、西、丹、法、英、奥、苏俄、美、匈、瑞士、波兰等十三国。意大利的东西自然最多，种类繁极了；未来派立体派的图画雕刻都可见到，还有别的许多新奇的作品，说不出路数。颜色大概鲜明，叫人眼睛发亮；建筑也是新式，简洁不啰嗦，痛快之至。苏俄的作品不多，大概是工农生活表现，兼有沉毅和高兴的调子。他们也用鲜的颜色，但显然没有很费心思在艺术上，作风老老实实，并不向牛犄角里寻找新奇的玩意儿。

威尼斯的玻璃器皿、刻花皮件，都是名产，以典丽风华胜，缂丝也不错。大理石小雕像，是著名大品的缩本，出于名手的还有味。

朱自清

巴黎

　　塞纳河穿过巴黎城中，像一道圆弧。河南称为左岸，著名的拉丁区就在这里。河北称为右岸，地方有左岸两个大，巴黎的繁华全在这一带；说巴黎是"花都"，这一溜儿才真是的。右岸不是穷学生苦学生所能常去的，所以有一位中国朋友说他是左岸的人，抱"不过河"主义；区区一衣带水，却分开了两般人。但论到艺术，两岸可是各有胜场；我们不妨说整个儿巴黎是一座艺术城。从前人说"六朝"卖菜佣都有烟水气，巴黎人谁身上大概都长着一两根雅骨吧。你瞧公园里、大街上，有的是喷水，有的是雕像，博物院处处是，展览会常常开；他们几乎像呼吸空气一样呼吸着艺术气，自然而然就雅起来了。

　　右岸的中心是刚果方场。这方场很宽阔，四通八达，周围都是名胜。中间巍巍地矗立着埃及拉米塞司第二的纪功碑。碑

朱自清

181

是方锥形，高七十六英尺，上面刻着象形文字。一八三六年移到这里，转眼就是一百年了。左右各有一座铜喷水，大得很。水池边环列着些铜雕像，代表着法国各大城。其中有一座代表司太司堡。自从一八七〇年那地方割归德国以后，法国人每年七月十四国庆日总在像上放些花圈和大草叶，终年地搁着让人惊醒。直到一九一八年十一月和约告成，司太司堡重归法国，这才停止。纪功碑与喷水每星期六晚用弧光灯照耀。那碑像从幽暗中颖脱而出；那水像山上崩腾下来的雪。这场子原是法国革命时候断头台的旧址。在"恐怖时代"，路易十六与王后，还有各党各派的人，轮班在这儿低头受戮。但现在一点痕迹也没有了。

场东是砖厂花园，也有一个喷水池；白石雕像成行，与一丛丛绿树掩映着。在这里徘徊，可以一直徘徊下去，四围那些纷纷的车马，简直若有若无。花园是所谓法国式，将花草分成一畦畦的，各各排成精巧的花纹，互相对称着，又整洁，又玲珑，教人看着赏心悦目；可是没有野情，也没有蓬勃之气，像北平的巴儿狗。这里春天游人最多，挤挤挨挨的。有时有音乐会，在绿树荫中。乐韵悠扬，随风飘到场中每一个人的耳朵里。再东是加罗塞方场，只隔着一道不宽的马路。路易十四时代，这是一个校场。场中有一座小凯旋门，是拿破仑造来纪胜的，仿罗马某一座门的式样。拿破仑叫将从威尼斯圣马克堂抢来的驷马铜像安在门顶上。但到了一八一四年，那铜像终于回了老家。法国只好换上一个新的，光彩自然差得多。

刚果方场西是大名鼎鼎的仙街，直达凯旋门，有四里半长。凯旋门地势高，从刚果方场望过去像没多远似的，一走可就知道。街的东半截儿，两旁简直是园子，春天绿叶子密密地遮着；西半截儿才真是街。街道非常宽敞。夹道两行树，笔直笔直地向凯旋门奔凑上去。凯旋门巍峨爽朗地盘踞在街尽头，好像在半天上。欧洲名都街道的形势，怕再没有赶上这儿的，称为"仙街"，不算说大话。街上有戏院、舞场、饭店，够游客们玩儿乐的。凯旋门一八〇六年开工，也是拿破仑造来纪功的，但他并没有看它的完成。门高一百六十英尺，宽一百六十四英尺，进身七十二英尺，是世界凯旋门中最大的。门上雕刻着一七九二年至一八一五年间法国战事片段的景子，都出于名手。其中罗特（Burguudian Rude，十九世纪）的"出师"一景，慷慨激昂，至今还可以作我们的气。这座门更有一个特别的地方：在拿破仑周忌那一天，从仙街向上看，团团的落日恰好扣在门圈儿里。门圈儿底下是一个无名兵士的墓；他埋在这里，代表大战中死

朱自清

难的一百五十万法国兵。墓是平的，地上嵌着文字；中央有个纪念火，焰子粗粗的，红红的，在风里摇晃着。这个火每天由参战军人团团员来点。门顶可以上去，乘电梯或爬石梯都成，石梯是二百七十三级。上面看，周围不下十二条林荫路，都辐辏到门下，宛然一个大车轮子。

刚果方场东北有四道大街衔接着，是巴黎最繁华的地方。大铺子差不多都在这一带，珠宝市也在这儿。各店家陈列窗里五花八门，五光十色，珍奇精巧，兼而有之；管保你走一天两天看不完，也看不倦。步道上人挨挨凑凑，常要躲闪着过去。电灯一亮，更不容易走。街上"咖啡"东一处西一处的，沿街安着座儿，有点儿像北平中山公园里的茶座儿。客人慢慢地喝着咖啡或别的，慢慢地抽烟，看来往的人。"咖啡"本是法国的玩意儿；巴黎差不多每道街都有，怕是比哪儿都多。巴黎人喝咖啡几乎成了癖，就像我国南方人爱上茶馆。"咖啡"里往往备有纸笔，许多人都在那儿写信；还有人让"咖啡"收信，简直当作自己的家。文人画家更爱坐"咖啡"；他们爱得是无拘无束，容易会朋友，高谈阔论。爱写信固然可以写信，爱作诗也可以作诗。大诗人魏尔仑（Verlalne）的诗，据说少有不在"咖啡"里写的。坐"咖啡"也有派别。一来"咖啡"是熟的好，二来人是熟的好。久而久之，某派人坐某"咖啡"便成了自然之势。这所谓派，当然指文人艺术家而言。一个人独自去坐"咖啡"，偶尔一回，也许不是没有意思，常去却未免寂寞得慌，这也与我国南方人上茶馆一样。若是外国人而又不懂话，那就更可不必去。巴黎最大的"咖啡"有三个，却都在左岸。这三座"咖啡"名字里都含着"圆圆"的意思，都是文人艺术家荟萃的地方，里面装饰满是新派。其中一家，电灯壁画满是立体派，据说这些画全出于名家之手。另一家据说时常陈列着当代画家的作品，待善价而沽之。坐"咖啡"之外还有站"咖啡"，却有点像我国南方的喝柜台酒。这种"咖啡"大概小些。柜台长长的，客人围着要吃的喝的。吃喝都便宜些，为的是不用多伺候你，你吃喝也比较不舒服些。站"咖啡"的人脸向里，没有什么看的，大概吃喝完了就走。但也有人用胳膊肘儿斜靠在柜台上，半边身子偏向外，写意地眺望，谈天儿。巴黎人吃早点，多半在"咖啡"里。普通是一杯咖啡，两三个月牙饼就够了，不像英国人吃得那么多。月牙饼是一种面包，月牙形，酥而软，趁热吃最香；法国人本会烘面包，这一种不但好吃，而且好看。

卢森堡花园也在左岸，因卢森堡宫而得名。宫建于十七世纪初年，曾用作监狱，现在是上议院。花园甚大，里面有两

朱自清

185

座大喷水，背对背紧挨着。其一是梅迭契喷水，雕刻的是亚西司（Acis）与加拉台亚（Galatea）的故事。巨人波力非摩司（Polyphamos）爱加拉台亚。他晓得她喜欢亚西司，便向他头上扔下一块大石头，将他打死。加拉台亚无法使亚西司复活，只将他变成一道河水。这个故事用在一座喷水上，倒有些远意。园中绿树成行，浓荫满地。白石雕像极多，也有铜的。巴黎的雕像真如家常便饭。花园南头，自成一局，是一条荫道。最南头，天文台前面又是一座喷水，中央四个力士高高地扛着四限仪，下边环绕着四对奔马，气象雄伟得很。这是卡波(Carpeaus，十九世纪）所作。卡波与罗特同为写实派，所作以形线柔美著。

沿着塞纳河南的河墙，一带旧书摊儿，六七里长，也是左岸特有的风光，有点像北平东安市场里的旧书摊儿。可是背景太好了。河水终日悠悠地流着，两头一眼望不尽；左边卢浮宫，右边圣母堂，古香古色的。书摊儿黯黯的、低档的、窄窄的一溜；一小格儿一小格儿，或连或断，可没有东安市场里的大。摊儿上放着些破书；旁边小凳子上坐着掌柜的。到时候将摊儿盖上，锁上小铁锁就走。这些情形也活像东安市场。

铁塔在巴黎西头，塞纳河东岸，高约一千英尺，算是世界上最高的塔。工程艰难浩大，建筑师名爱非尔（Eiffel），也称为爱非尔塔。全塔用铁骨造成，如网状，空处多于实处，轻便灵巧，亭亭直上，颇有戈昔式的余风。塔基占地十七亩，分三层。头层离地一百八十六英尺，二层三百七十七英尺，三层九百二十四英尺，连顶九百八十四英尺。头二层有"咖啡"、酒馆及小摊儿等。电梯步梯都有，电梯分上下两厢，一厢载直上直下的客人，一厢载在头层停留的客人。最上层却非用电梯不可。那梯口常常拥挤不堪，壁上贴着"小心扒手"的标语，收票人等嘴里还不住地唱道："小心呀！"这一段儿走得可慢极，大约也是"小心"吧。最上层只有卖纪念品的摊儿和一些问心机。这种问心机欧洲各游戏场中常见，是些小铁箱，一箱管一事。放一个钱进去，便可得到回答；回答若干条是印好的，指针所停止的地方就是专答你。也有用电话回答的，譬如你要问流年，便向流年箱内投进钱去。这实在是一种开心的玩意儿。这层还专设一信箱，寄的信上盖铁塔形邮戳，好让亲友们留作纪念。塔上最宜远望，全巴黎都在眼下，但尽是密匝匝的房子，只觉应接不暇而无苍茫之感。塔上满缀着电灯，晚上便是种种广告；在暗夜里这种明妆倒值得一番领略。隔河是特罗卡代罗（Trocadéro）大厦，有道桥笔直地通着。这所大厦是为一八七八年的博览会造的。中央圆形，圆窗圆顶，两支高高的尖塔分列顶侧，左右翼是新月形的长房。下面许多级台阶，阶下一个大喷水池，也是圆的。大厦前是公园，铁塔下也是的；一片空阔，一片绿。所以大厦远看近看都显出雄巍巍的。大厦的正厅可容五千人。它的大在横里；铁塔的大在直里。一横一直，恰好称得住。

歌剧院在右岸的闹市中。门墙是威尼斯式，已经乌暗暗的，走近前细看，才见出上面精美的雕饰。下层一排七座门，门间都安着些小雕像。其中罗特的《舞群》，最有血有肉，有情有力。罗特是写实派作家，所以如此。但因为太生动了，当时有些人还见不惯；一八六九年这些雕像揭幕的时候，一个宗教狂的人，趁夜里悄悄地向这群像上倒了一瓶墨水。这件事传开了，然而罗特却因此成了一派。院里的楼梯以宏丽著名，全用大理石，又白，又滑，又宽，栏杆是低档的。加上罗马式圆拱门，一对对爱翁匿克式石柱，雕像上的电灯烛，真是堆花簇锦一般。那一片电灯光像海，又像月，照着你缓缓走上梯去。幕间休息的时候，大家都离开座各处走。这儿休息的时间特别长，法国人乐意趁这闲工夫在剧院里散散步，谈谈话，来一点吃的喝的。休息室里散步的人最多。这是一间顶长顶高的大厅，华丽的灯光淡淡地布满了一屋子。一边是成排的落地长窗，一边是几座高大的门；墙上略略有些装饰，地下铺着毯子。屋里空落落的，客人穿梭般来往。太太小姐们大多穿着各色各样的晚服，露着脖子和膀子。"衣香鬓影"，这里才真够味儿。歌剧院是国家的，只演古典的歌剧，间或也演队舞（Ballet），总是堂皇富丽的玩意儿。

国葬院在左岸。原是巴黎护城神圣也奈韦夫（St. Genevi é ve）的教堂；大革命后，一般思想崇拜神圣不如崇拜伟人了，于是改为这个；后来又改回去两次，一八五五年才算定了。伏尔泰，卢梭，雨果，左拉，都葬在这里。院中很为宽宏，高大的圆拱门，架着些圆顶，都是罗马式。顶上都有装饰的图案和画。中央的穹隆顶高二百七十二英尺，可以上去。院中壁上画着法国与巴黎的历史故事，名笔颇多。沙畹（Puvisde Chavannes，十九世纪）的便不少。其中《圣也奈韦夫俯视着巴黎城》一幅，正是月圆人静的深夜，圣还独对着油盏火；她似乎有些倦了，慢慢踱出来，凭栏远望，全巴黎城在她保护之下安睡了；瞧她那慈祥和蔼、一往情深的样子。圣也奈韦夫于五世纪初年，生在离巴黎二十四里的囊台儿村（Nanterre）里。幼时听圣也曼讲道，深为感悟。圣也曼也说她根器好，着实勉励了一番。后来她到巴黎，尽力于救济事业。五世纪中叶，匈奴将来侵巴黎，

朱自清

189

全城震惊。她力劝人民镇静，依赖神明，颇能教人相信。匈奴到底也没有成。以后巴黎真经兵乱，她于救济事业加倍努力。她活了九十岁，晚年倡议在巴黎给圣彼得与圣保罗修一座教堂。动工的第二年，她就死了。等教堂落成，却发现她已葬在里头。此外还有许多奇异的传说。因此这座教堂只好作为奉祀她的了。这座教堂便是现在的国葬院。院的门墙是希腊式，三角楣下，一排哥林斯式的石柱。院旁有圣爱的昂堂，不大。现在是圣也奈韦夫埋灰之所。祭坛前的石刻花屏极华美，是十六世纪的东西。

左岸还有伤兵养老院。其中兵甲馆，收藏废弃的武器及战利品。有一间满悬着三色旗，屋顶上正悬着，两壁上斜插着，一面挨一面的。屋子很长，一进去但觉千层百层鲜明的彩色，静静地交映着。院有穹隆顶，高三百四十英尺，直径八十六英尺，造于十七世纪中，优美庄严，胜于国葬院的。顶下原是一个教堂，拿破仑墓就在这里。堂外有宽大的台阶儿，有多力克式与哥林斯式石柱。进门最叫你舒服的是那屋里的光。那是从染色玻璃窗射下来的淡淡的金光，软得像一股水。堂中央一个窨，圆的，深二十英尺，直径三十六英尺，花岗石柩居中，十二座雕像环绕着，代表拿破仑重要的战功；像间分六列插着五十四面旗子，是他的战利品。堂正面是祭坛；周围许多龛堂，埋着王公贵人。一律圆拱门；地上嵌花纹，窖中也这样。拿破仑死在圣海仑岛，遗嘱愿望将骨灰安顿在塞纳河旁，他所深爱的法国人民中间。待他死后十九年，一八四〇年，这愿望才达到了。

塞纳河里有两个小洲，小到不容易觉出。西头的叫城洲，洲上两所教堂是巴黎的名迹。洲东的圣母堂更为煊赫。堂成于十二世纪，中间经过许多变迁，到十九世纪中叶重修，才有现在的样子。这是"装饰的戈昔式"建筑的最好的代表。正面朝西，分三层。下层三座尖拱门。这种门很深，门圈儿是一棱套着一棱的，越往里越小；棱间与门上雕着许多大像小像，都是《圣经》中的人物。中层是窗子，两边的尖拱形，分雕着亚当夏娃像；中央的浑圆形，雕着"圣处女"像。上层是栏干。最上两座钟楼，各高二百二十七英尺；两楼间露出后面尖塔的尖儿，一个伶俐瘦劲的身影。这座塔是勒丢克（Viellet ie Duc，十九世纪）所造，比钟楼还高五十八英尺；但从正面看，像一般高似的，这正是建筑师的妙用。朝南还有一个旁门，雕饰也繁密得很。从背后看，左右两排支墙（Buttress）像一对对的翅膀，作飞起的势子。支墙上虽也有些装饰，却不为装饰而有。原来戈昔式的房子高，窗子大，墙的力量支不住那些石头的拱顶，因此非

朱自清

从墙外想法不可。支墙便是这样来的。这是戈昔式的致命伤；许多戈昔式建筑容易圮毁，正是为此。堂里满是彩绘的高玻璃窗子，阴森森的，只看见石柱子、尖拱门、肋骨似的屋顶。中间神堂，两边四排廊路，周围三十七间龛堂，像另自成个世界。堂中的讲坛与管风琴都是名手所作。歌队座与牧师座上的动植物木刻，也以精工著。戈昔式教堂里雕绘最繁，其中取材于教堂所在地的花果的尤多。所雕绘的大抵以近真为主。这种一半为装饰，一半也为教导，让那些不识字的人多知道些事物，作用和百科全书差不多。堂中有宝库，收藏历来珍贵的东西，如金龛、金十字架之类，灿烂耀眼。拿破仑于一八〇四年在这儿加冕，那时穿的长袍也陈列在这个库里。北钟楼许人上去，可以看见墙角上石刻的妖兽，奇丑怕人，俯视着下方，据说是吐溜水的。雨果写过《巴黎圣母院》一部小说，所叙是四百年前的情形，有些还和现在一样。

圣龛堂在洲西头，是全巴黎戈昔式建筑中之最美丽者。罗斯金更说是"北欧洲最珍贵的一所戈昔式"。在一二三八年那一年，"圣路易"王听说君士坦丁皇帝包尔温将"棘冠"押给威尼斯商人，无力取赎，"棘冠"已归商人们所有，急得什么似的。他要将这件无价之宝收回，便异想天开地在犹太人身上加了一种"苛捐杂税"。过了一年，"棘冠"果然弄回来，还得了些别的小宝贝，如"真十字架"的片段等。他这一乐非同小可，命令某建筑师造一所教堂供奉这些宝物；要造得好，配得上。一二四五年起手，三年落成。名建筑家勒丢克说："这所教堂内容如此复杂，花样如此繁多，活儿如此利落，材料如此美丽，真想不出在那样短的时期里如何成功的。"这样两个龛堂，一上一下，都是金碧辉煌的。下堂尖拱重叠，纵横交互；中央拱抵而阔，所以地方并不大而极有开朗之势。堂中原供的"圣处女"像，传说灵迹甚多。上堂却高多了，有彩绘的玻璃窗子十五堵；窗下沿墙有龛，低得可怜相。柱上相间地安着十二使徒像；有两尊很古老，别的都是近世仿作。玻璃绘画似乎与戈昔艺术分不开；十三世纪后者最盛，前者也最盛。画法用许多颜色玻璃拼合而成，相连处以铅焊之，再用铁条夹住。着色有浓淡之别。淡色所以使日光柔和缥缈。但浓色的多，大概用深蓝作地子，加上点儿黄白与宝石红，取其衬托鲜明。这种窗子也兼有装饰与教导的好处；所画或为几何图案，或为人物故事。还有一堵"玫瑰窗"，是象征"圣处女"的；画是圆形，花纹都从中心分出。据说这堵窗是玫瑰窗中最亲切有味的，因为它的温暖的颜色比别的更接近看的人。但这种感想东方人不会有。

朱自清

这龛堂有一座金色的尖塔，是勒丢克造的。

毛得林堂在刚果方场之东北，造于近代。形式仿希腊神庙，四面五十二根哥林斯式石柱，围成一个廊子。壁上左右各有一排大龛子，安着群圣的像。堂里也是一行行同式的石柱，却使用各种颜色的大理石，华丽悦目。圣心院在巴黎市外东北方，也是近代造的，至今还未完成，堂在一座小山的顶上，山脚下有两道飞阶直通上去。也通索子铁路。堂的规模极宏伟，有四个穹隆顶，一个大的，带三个小的，都量拜占庭式；另外一座方形高钟楼，里面的钟重二万九千斤。堂里能容八千人，但还没有加以装饰。房子是白色，台阶也是的，一种单纯的力量压得住人。堂高而大，巴黎周围若干里外便可看见。站在堂前的平场里，或爬上穹隆顶里，也可看个五六十里。造堂时工程浩大，单是打地基一项，就花掉约四百万元；因为土太松了，撑不住，根基要一直打到山脚下。所以有人半真半假地说，就是移了山，这教堂也不会倒的。

巴黎博物院之多，真可算甲于世界。就这一桩儿，便可叫你流连忘返。但须徘徊玩索才有味，走马看花是不成的。一个行色匆匆的游客，在这种地方往往无可奈何。博物院以卢浮宫（Louvre）为最大；这是就全世界论，不单就巴黎论。卢浮宫在加罗塞方场之东；主要的建筑是口字形，南头向西伸出一长条儿。这里本是一座堡垒，后来改为王宫。大革命后，各处王宫里的画，官苑里的雕刻，都保存在此；改为故宫博物院，自然是很顺当的。博物院成立后，历来的政府都尽力搜罗好东西放进去；拿破仑从各国"搬"来大宗的画，更为博物院生色不少。宫房占地极宽，站在那方院子里，颇有海阔天空的意味。院子里养着些鸽子，成群地孤单地仰着头挺着胸在地上一步步地走，一点不怕人。撒些饼干面包之类，它们便都向你身边来。房子造得秀雅而庄严，壁上安着许多王公的雕像。熟悉法国历史的人，到此一定会发思古之幽情的。

卢浮宫好像一座宝山，蕴藏的东西实在太多，叫人不知从哪儿说起好。画为最，还有雕刻、古物、装饰美术等，真是琳琅满目。乍进去的人一时摸不着头脑，往往弄得糊里糊涂。就中最脍炙人口的有三件。一是达·芬奇的《蒙娜丽莎》像，大约作于一五〇五年前后，是觉孔达（Joconda）夫人的画像。相传达·芬奇这幅像画了四个年头，因为要那甜美的微笑的样子，每回"临像"的时候，总请些乐人弹唱给她听，让她高高兴兴坐着。像画好了，他却爱上她了。这幅画是佛兰西司第一手里买的，他没有准许认识那女人。一九一一年画曾被人偷走，

朱自清

但两年之后，到底从意大利找回来了。十六世纪中叶，意大利已公认此画为不可有二的画像杰作，作者在与造化争巧。画的奇处就在那一丝儿微笑上。那微笑太飘忽了，太难捉摸了，好像常常在变幻。这果然是个"奇迹"，不过也只是造型的"奇迹"罢了。这儿也有些理想在内；达·芬奇笔下夹带了一些他心目中的圣母的神气。近世讨论那微笑的可太多了，诗人、哲学家，有的是；他们都想找出点儿意义来。于是蒙娜丽莎成为一个神秘的浪漫的人了；她那微笑成为"人狮（Sphinx）的凝视"或"鄙薄的讽笑"了。这大概是她与达·芬奇都梦想不到的吧。

二是米罗（Milo）《爱神》像。一八二〇年米罗岛一个农人发现这座像，卖给法国政府只卖了五千块钱。据近代考古学家研究，这座像当作于纪元前一百年左右。那两只胳膊都没有了；它们是怎么个安法，却大大费了一班考古学家的心思。这座像不但有生动的形态，而且有温暖的骨肉。她又强壮，又清明；单纯而伟大，朴真而不奇。所谓清明，是身心都健的表象，与麻木不同。这种作风颇与纪元前五世纪希腊巴昔农（Panthenon）庙的监造人，雕刻家费铁亚司（Phidias）相近。因此法国学者雷那西（S. Reinach）在他的名著《亚波罗》（美术史）中相信这座像作于纪元前四世纪中。他并且相信这座像不是爱神微那司而是海女神安非特利特（Amphitrite）；因为它没有细腻、缥缈、娇羞、多情的样子。三是沙摩司雷司（Samothrace）的《胜利女神像》。女神站在冲波而进的船头上，吹着一支喇叭，但是现在头和手都没有了，剩下翅膀与身子。这座像是还愿的。纪元前三〇六年波立尔塞特司（Demetrius Poliorcetes）在塞勃勒司（Cyprus）岛打败了埃及大将陶来买（Ptolemy）的水师，便在沙摩司雷司岛造了这座像。衣裳雕得最好；那是一件薄薄的软软的衣裳，光影的准确，衣褶的精细流动；加上那下半截儿被风吹得好像弗弗有声，上半截儿却紧紧地贴着身子，很有趣地对照着。因为衣裳雕得好，才显出那筋肉的力量；那身子在摇晃着，在挺进着，一团胜利的喜悦的劲儿。还有，海风呼呼地吹着，船尖儿嘶嘶地响着，将一片碧波分成两条长长的白道儿。

卢森堡博物院专藏近代艺术家的作品。他们或新故，或还生存。这里比卢浮宫明亮得多。进门去，宽大的甬道两旁，满陈列着雕像等，里面却多是画。雕刻里有彭彭（Pompon）的《狗熊》与《水禽》等，真是大巧若拙。彭彭现在大概有七八十岁了，天天上动物园去静观禽兽的形态。他熟悉它们，也亲爱它们，所以做出来的东西神气活现；可是形体并不像照相一样地真切，他在天然的曲线里加上些小小的棱角,便带着点"建筑"的味儿。于是我们才看见新东西。那《狗熊》和实物差不多大,是石头的;那《水禽》等却小得可以供在案头,是铜的。雕像本有两种手法,一是干脆地砍石头,二是先用泥塑,再浇铜。彭彭从小是石匠,石头到他手里就像豆腐。他是巧匠而兼艺术家。动物雕像盛于十九世纪的法国;那时候动物园发达起来,供给艺术家观察、研究、描摹的机会。动物素描之成为画的一支,也从这时候起。院里的画受后期印象派的影响,找寻人物的"本色"(local colour),大抵是鲜明的调子。不注重画面的"体积"而注重装饰的效用。也有细心分别光影的,但用意还在找寻颜色,与印象派之只重光影不一样。

砖场花园的南犄角上有网球场博物院,陈列外国近代的画与雕像。北犄角上有奥兰纪利博物院,陈列的东西颇杂,有马奈(Manet,九世纪法国印象派画家)的画与日本的浮世绘等。浮世绘的着色与构图给十九世纪后半法国画家极深的影响。摩奈(Monet)画院也在这里。他也是法国印象派巨子,一九二六年才过去。印象派兴于十九世纪中叶,正是照相机流行的时候。这派画家想赶上照相机,便专心致志地分别光影;他们还想赶过照相机,照相没有颜色而他们有。他们只用原色;

所画的画近看但见一处处的颜色块儿，在相当的距离看，才看出光影分明的全境界。他们的看法是迅速的综合的，所以不重"本色"（人物固有的颜色，随光影而变化），不重细节。摩奈（莫奈）以风景画著于世；他不但是印象派，并且是露天画派（Pleinairiste）。露天画派反对画室里的画，因为都带着那黑影子；露天里就没有这种影子。这个画院里有摩奈八幅顶大的画，太大了，只好嵌在墙上。画院只有两间屋子，每幅画就是一堵墙，画的是荷花在水里。摩奈喜欢用蓝色，这几幅画也是如此。规模大，气魄厚，汪汪欲溢的池水，疏疏密密的乱荷，有些像在树荫下，有些像在太阳里。据内行说，这些画的章法，简直前无古人。

罗丹博物院在左岸。大战后罗丹的东西才收集在这里；已完成的不少，也有些未完成的。有群像、单像、胸像，有石膏仿本，还有画稿、塑稿，还有罗丹的遗物。罗丹是十九世纪雕刻大师；或称他为自然派，或称他为浪漫派。他有匠人的手艺，诗人的胸襟；他借雕刻来表现自己的情感。取材是不平常的，手法也是不平常的。常人以为美的，他觉得已无用武之地；他专找常人以为丑的，甚至于借重性交的姿势。又因为求表现的充分，不得不夸饰与变形。所以他的东西乍一看觉得"怪"，不是玩意儿。从前的雕刻讲究光洁，正是"裁缝不露针线迹"的道理；而浪漫派艺术家恰相反，故意要显出笔触或刀痕，让人看见他们在工作中情感激动的光景。罗丹也常如此。他们又多喜欢用塑法，因为泥随意些，那凸凸凹凹的地方，那大块儿小条儿，都可以看得清楚。

克吕尼馆（Cluny）收藏罗马与中世纪的遗物颇多，也在左岸。罗马时代执政的官在这儿。后来法兰族诸王也住在这宫里。十五世纪的时候，宫毁了，克吕尼寺僧改建现在这所房子，作他们的下院，是"后期戈昔"与"文艺复兴"的混合式。法国王族来到巴黎，在馆里暂住过的，也很有些人。这所房子后来又归了一个考古学家。他搜集了好些古董，死后由政府收买，并添凑成一万件。画，雕刻，木刻，金银器，织物，中世纪上等家具，瓷器，玻璃器，应有尽有。房子还保存着原来的样子。入门就如活在几百年前的世界里，再加上陈列的零碎的东西，触鼻子满是古气。与这个馆毗连着的是罗马时代的浴室，原分冷浴、热浴等，现在只看见些残门断柱（也有原在巴黎别处的），寂寞地安排着。浴室外是园子，树间草上也散布着古代及中世纪巴黎建筑的一鳞一爪，其中"圣处女门"最秀雅。

此外巴黎美术院（即小宫），装饰美术院都是杂拌儿。后者中有一间扇室，所藏都是十八世纪的扇面，是某太太的遗赠。十八世纪中国玩意儿在欧洲颇风行，这也可见一斑。扇面满是西洋画，精工鲜丽；几百张中，只有一张中国人物，却板滞无生气。又有吉买博物院(Guimet)，收藏远东宗教及美术的资料。伯希和取去敦煌的佛画，多数在这里；日本小画也有些；还有蜡人馆。据说那些蜡人做得真像，可是没见过那些人或他们的照相的，就感不到多大兴味，所以不如画与雕像。不过"隧道"里阴惨惨的，人物也代表着些阴惨惨的故事，却还可看。楼上有镜宫，满是镜子，顶上与周围用各色电光照耀，宛然千门万户，像到了万花筒里。

一九三二年春季的官"沙龙"在大宫中，顶大的院子里罗列着雕像；楼上下八十九间屋子满是画，也有些装饰美术。内行说，画像太多，真有"官"气。其中有安南阮某一幅，奖银牌；中国人一看就明白那是阮氏祖宗的影像。记得有个笑话，说一个贼混入人家厅堂偷了一幅古画，卷起夹在腋下。跨出大门，恰好碰见主人。那贼情急智生，便将画卷儿一扬，问道："影像，要买吧？"主人自然大怒，骂了一声走进去。贼于是从容溜之乎也。那位安南阮某与此贼可谓异曲同工。大宫里，同时还有一个装饰艺术的"沙龙"，陈列的是家具、灯、织物、建筑模型等，大都是立体派的作风。立体派本是现代艺术的一派，意大利最盛。影响大极了，建筑，家具，布匹，织物，器皿，汽车，公路，广告，书籍装订，都有立体派的份儿。平静，干脆，是古典的精神，也是这时代重理智的表现。在这个"沙龙"里看，现代的屋子内外都俨然是些几何的图案，和从前华丽的藻饰全异。还有一个"沙龙"，专陈列幽默画，画下多有说明。各画或描摹世态，或用大小文野等对照法，以传出那幽默的情味。有一幅题为《长褂子》，画的是夜宴前后客室中的景子：

女客全穿短褂子，只有一人穿长的，大家的眼睛都盯着她那长出来的一截儿。她正在和一个男客谈话，似乎不留意。看她的或偏着身子，或偏着头，或操着手，或用手托着腮（表示惊讶），倚在丈夫的肩上，或打着看戏用的放大镜子，都是一副尴尬面孔。穿长褂子的女客在左首，左首共三个人；中央一对夫妇，右首三个女人，疏密向背都恰好；还点缀着些不在这一群里的客人。

画也有不幽默的，也有太恶劣的；本来是幽默并不容易。

巴黎的坟场，东头以倍雷拉谢斯（Père Lachaise）为最大，占地七百二十亩，有二里多长。中间名人的坟颇多，可是道路纵横，找起来真费劲儿。阿培拉德与哀绿绮思两坟并列，上有亭子盖着，这是重修过的。王尔德的坟本葬在别处；死后九年，也迁到此场。坟上雕着个大飞人，昂着头，直着脚，长翅膀，像是合埃及的"狮人"与亚述的翅儿牛而为一，雄伟飞动，与王尔德并不很称。这是英国当代大雕刻家爱勃司坦（Epstein）的巨作；钱是一位倾慕王尔德的无名太太捐的。场中有巴什罗米（Bartholomé）雕的一座纪念碑，题为《致死者》。碑分上下两层，上层中间是死门，进去的两个人倒也行无所事的；两侧向门走的人群却牵牵拉拉，哭哭啼啼，跌跌倒倒，不得开交似的。下层像是生者的哀伤。此外北头的蒙马特，南头的蒙巴那斯两坟场也算大。茶花女埋在蒙马特场，题曰：一八二四年正月十五日生，一八四七年二月三日卒。小仲马、海涅也在那儿。蒙巴那斯场有圣白孚、莫泊桑、鲍特莱尔等；鲍特莱尔的坟与纪念碑不在一处，碑上坐着一个悲伤的女人的石像。

　　巴黎的夜也是老牌子。单说六个地方。非洲饭店带澡堂子，可以洗蒸气澡，听黑人浓烈的音乐；店员都穿着埃及式的衣服。三藩咖啡看"爵士舞"，小小的场子上一对对男女跟着那繁声促节直扭腰儿。最警动的是那小圆木筒儿，里面像装着豆子之类，不时地紧摇一阵子。圆屋听唱法国的古歌；一扇门背后的墙上油画着蹲着在小便的女人。红磨坊门前一架小红风车，用电灯做了轮廓线；里面看小戏与女人跳舞。这在蒙巴特区。蒙马特是流浪人的域。十九世纪画家住在这一带的不少，画红磨坊的常有。塔巴林看女人跳舞，不穿衣服，意在显出好看的身子。里多在仙街，最大。看变戏法，听威尼斯夜曲。里多岛本是威尼斯娱乐的地方。这儿的里多特意砌了一个池子，也有一支"刚朵拉"，夜曲是男女对唱，不过意味到底有点儿两样。

巴黎的野色在波隆尼林与圣克罗园里才可看见。波隆尼林在西北角，恰好在塞因河河套中间，占地一万四千多亩，有公园、大路、小路，有两个湖，一大一小，都是长的；大湖里有两个洲，也是长的。要领略林子的好处，得闲闲地拣深僻的地儿走。圣克罗园还在西南，本有离宫，现在毁了，剩下些喷水和林子。林子里有两条道儿很好。一条渐渐高上去，从树里两眼望不尽；一条窄而长，漏下一线天光；远望路口，不知是云是水，茫茫一大片。但真有野味的还得数枫丹白露的林子。枫丹白露在巴黎东南，一点半钟的火车。这座林子有二十七万亩，周围一百九十里。坐着小马车在里面走，幽静如远古的时代。太阳光将树叶子照得透明，却只一圈儿一点儿地洒到地上。路两旁的树有时候太茂盛了，枝叶交错成一座拱门，低档的；远看去好像拱门那面另有一界。林子里下大雨，那一片沙沙沙沙的声音，像潮水，会把你心上的东西冲洗个干净。林中有好几处山峡，可以试腰脚，看野花野草，看旁逸斜出；稀奇古怪的石头，像枯骨，像刺猬。亚勃雷孟峡就是其一，地方大，石头多，又是忽高忽低，走起来好。

枫丹白露宫建于十六世纪，后经重修。拿破仑一八一四年临去爱而巴岛的时候，在此告别他的诸将。这座宫与法国历史关系甚多。宫房外观不美，里面却精致，家具等等也考究。就中侍从武官室与亨利第二厅最好看。前者的地板用嵌花的条子板；小小的一间屋，共用九百条之多。复壁板上也雕绘着繁细的花饰，炉壁上也满是花儿，挂灯也像花正开着。后者是一间长厅，其大少有。地板用了二万六千块，一色，嵌成规规矩矩的几何图案，光可照人。厅中间两行圆拱门。门柱下截镶复壁板，上截镶油画；楣上也画得满满的。天花板极意雕饰，金光耀眼。宫外有园子、池子，但赶不上凡尔赛宫的。

凡尔赛宫在巴黎西南，算是近郊。原是路易十三的猎宫，路易十四觉得这个地方好，便大加修饰。路易十四是所谓"上帝的代表"，凡尔赛宫便是他的庙宇。那时法国贵人多一半住在宫里，伺候王上。他的侍从共一万四千人；五百人伺候他吃饭，一百个贵人伺候他起床，更多的贵人伺候他睡觉。那时法国艺术大盛，一切都成为御用的，集中在凡尔赛和巴黎两处。凡尔赛宫里装饰力求富丽奇巧，用钱无数。如金漆彩画的天花板、木刻、华美的家具、花饰、贝壳与多用错综交会的曲线纹等，用意全在叫来客惊奇：这便是所谓"罗科科式"（Rococo）。宫中有镜厅，十七个大窗户，正对着十七面同样大小的镜子；厅长二百四十英尺，宽三十英尺，高四十二英尺。拱顶上和墙上画着路易十四打胜德国、荷兰、西班牙的情形，画着他是诸国的领袖，画着他是艺术与科学的广大教主。近十几年来成为世界祸根的那和约便是一九一九年六月二十八那一天在这座厅里签的字。宫旁一座大园子，也是路易十四手里布置起来的。看不到头的两行树，有万千的气象。有湖，有花园，有喷水。花园一畦一个花样，小松树一律修剪成圆锥形，集法国式花园之大成。喷水大约有四十多处，或铜雕，或石雕，处处都别出心裁，也是集大成。每年五月到九月，每月第一星期日，和别的节日，都有大水法。从下午四点起，到处银花飞舞，雾气沾人，衬着那齐斩斩的树，软茸茸的草，觉得立着看，走着看，不拘怎么看总成。海龙王喷水池，规模特别大；得等五点半钟大水法停后，让它单独来二十分钟。有时晚上大放花炮，就在这里。各色的电彩照耀着一道道喷水。花炮在喷水之间放上去，也是一道道的；同时放许多，便氤氲起一团雾。这时候电光换彩，红的忽然变蓝的，蓝的忽然变白的，真真是一眨眼。

卢梭园在爱尔莽浓镇（Ermenonville），巴黎的东北；要坐一点钟火车，走两点钟的路。这是道地乡下，来的人不多。园子空旷得很，有种荒味。大树，怒草，小湖，清风，和中国的郊野差不多，真自然得不可言。湖里有个白杨洲，种着一排白杨树，卢梭坟就在那小洲上。日内瓦的卢梭洲在仿这个；可是上海式的街市旁来那么个洲子，总有些不伦不类。

一九三一年夏天，"殖民地博览会"开在巴黎之东的万散园（Vincennes）里。那时每日人山人海。会中建筑都仿各地的式样，充满了异域的趣味。安南庙七塔参差，峥嵘肃穆，最为出色。这些都是用某种轻便材料造的，去年都拆了。各建筑中陈列着各处的出产，以及民俗。晚上人更多，来看灯光与喷水。每条路一种灯，都是立体派的图样。喷水有四五处，也是新图样；有一处叫"仙人球"喷水，就以仙人球做底样，野拙得好玩儿。这些自然都用电彩。还有一处水桥，河两岸各喷出十来道水，凑在一块儿，恰好是一座弧形的桥，叫人想着走上一个水晶的世界去。

朱自清

朱自清
柏林

　　柏林的街道宽大、干净，伦敦、巴黎都赶不上的；又因为不景气，来往的车辆也显得稀些。在这儿走路，尽可以从容自在地呼吸空气，不用张张望望躲躲闪闪。找路也顶容易，因为街道大概是纵横交切，少有"旁逸斜出"的。最大最阔的一条叫菩提树下，柏林大学、国家图书馆、新国家画院、国家歌剧院都在这条街上。东头接着博物院洲、大教堂、故宫；西边到著名的勃朗登堡门为止，长不到二里。过了那座门便是梯尔园，街道还是直伸下去——这一下可长了，三十七八里。勃朗登堡门和巴黎凯旋门一样，也是纪功的。建筑在十八世纪末年，有点仿雅典奈昔克里司门的式样。高六十六英尺，宽六十八码半；两边各有六根多力克式石柱子。顶上是站在驷马车里的胜利神像，雄伟庄严，表现出德意志国都的神采。那神像在一八〇七年被拿破仑当作胜利品带走，但七年后便又让德国的队伍带回来了。

从菩提树下西去，一出这座门，立刻神气清爽，眼前别有天地；那空阔，那望不到头的绿树，便是梯尔园。这是柏林最大的公园，东西六里，南北约二里。地势天然生得好，加上树种得非常巧妙，小湖小溪，或隐或显，也安排的是地方。大道像轮子的辐，凑向轴心去。道旁齐齐地排着葱郁的高树；树下有时候排着些白石雕像，在深绿的背景上越显得洁白。小道像树叶上的脉络，不知有多少。跟着道走，总有好地方，不辜负你。园子里花坛也不少。罗森花坛是出名的一个，玫瑰最好。一座天然的围墙，圆圆地绕着，上面密密地厚厚地长着绿的小圆叶子；墙顶参差不齐。坛中有两个小方池，满飘着雪白的水莲花，玲珑地托在叶子上，像惺忪的星眼。两池之间是一个皇后的雕像；四周的花香花色好像她的供养。梯尔园人工胜于天然。真正的天然却又是一番境界。曾走过市外"新西区"的一座林子。稀疏的树，高而瘦的杆子，树下随意弯曲的路，简直叫人想到倪云林的画本。看着没有多大，但走了两点钟，却还没走柏林市内市外常看见运动员风的男人女人。女人大概都光着脚亮着胳膊，雄赳赳地走着，可是并不和男人一样。她们不像巴黎女人的苗条，也不像伦敦女人的拘谨，却是自然得好。有人说她们太粗，可是有股劲儿。司勃来河横贯柏林市，河上有不少划船的人。往往一男一女对坐着，男的只穿着游泳衣，也许赤着膊只穿短裤子。看的人绝不奇怪而且有喝彩的。曾亲见一个女大学生指着这样划着船的人说："美啊！"赞美身体，赞美运动，已成了他们的道德。星期六星期日上水边野外看去，男男女女老老少少谁都带一点运动员风。再进一步，便是所谓"自然运动"。大家索性不要那劳什子衣服，那才真是自然生活了。这有一定地方，当然不会随处见着。但书籍杂志是容易买到的。也有这种电影。那些人运动的姿势很好看，很柔软，有点儿像太极拳。在长天大海的背景上来这一套，确是美的、和谐的。日前报上说德国当局要取缔他们，看来未免有些个多事。

柏林重要的博物院集中在司勃来河中一个小洲上，这就叫作博物院洲。虽然叫作洲，因为周围陆地太多，河道几乎挤得没有了，加上十六道桥，走上去毫不觉得身在洲中。洲上总共七个博物院，六个是通连着的。最奇伟的是勃嘉蒙（Pergamon）与近东古迹两个。勃嘉蒙在小亚细亚，是希腊的重要城市，就是现在的贝加玛。柏林博物院团在那儿发掘，掘出一座大享殿，是祭大神宙斯用的。这座殿是两千二百年前造的，规模宏壮，雕刻精美。掘出的时候已经残破；经学者苦心研究，知道原来是什么样子，便照着修补起来，安放在一间特建的大屋子里。屋子之大，让人要怎么看这座殿都成。屋顶满是玻璃，让光从上面来，最均匀不过；墙是淡蓝色，衬出这座白石的殿越发有神儿。殿是方锁形，周围都是爱翁匿克式石柱，像是个廊子。当锁口的地方，是若干层的台阶儿。两头也有几层，上面各有殿基；殿基上，柱子下，便是那著名的"壁雕"。壁雕（Frieze）是希腊建筑里特别的装饰；在狭长的石条子上半深浅地雕刻着些故事，嵌在墙壁中间。这种壁雕颇有名作，如现存在不列颠博物院里的雅典巴昔农神殿的壁雕便是。这里的是一百三十二码长，有一部分已经移到殿对面的墙上去，所刻的故事是奥林匹亚诸神与地之诸子巨人们的战争。其中人物精力饱满，历劫如生。另一间大屋里安放着罗马建筑的残迹。一是大三座门，上下两层，上层全为装饰用。两层各用六对哥林斯式的石柱，与门相间着，隔出略带曲折的廊子。上层三座门是实的，里面各安着一尊雕像，全体整齐秀美之至。一是小神殿。两样都在第二世纪的时候。

近东古迹院里的东西是十九世纪末二十世纪初年德国东方学会在巴比伦和亚述发掘出来的。中间巴比伦的以色他门

（Ischtar Gateway）最为壮丽。门建筑在两千五百年前奈补卡德乃沙王第二的手里。门圈儿高三十九英尺，城垛儿四十九英尺，全用蓝色珐琅砖砌成。墙上浮雕着一对对的龙（与中国所谓龙不同）和牛，黄的白的相间着；上下两端和边上也是这两色的花纹。龙是巴比伦城隍马得的圣物，牛是大神亚达的圣物。这些动物的像稀疏地排列着，一面墙上只有两行，犄角上只有一行；形状也单纯划一。色彩在那蓝的地子上，却非常之鲜明。看上去真像大幅缂丝的图案似的。还有巴比伦王宫里正殿的面墙，是与以色他门同时做的，颜色鲜丽也一样，只不过以植物图案为主罢了。马得祭道两旁曲折的墙基也用蓝珐琅砖，上面却雕着向前走的狮子。这个祭道直通以色他门，现在也修补好了一小段，仍旧安在以色他门前面。另有一件模型，是整个儿的巴比伦城。这也可以慰情聊胜无了。亚述巴先宫的面墙放在以色他门的对面，当然也是修补起来的：周围正正的拱门，一层层又细又密的柱子，在许多直线里透出秀气。

新博物院第一层中央是一座厅。两道宽阔而华丽的楼梯仿佛占住了那间大屋子，但那间屋子还是照样地觉得大不可言。屋里什么都高大；迎着楼梯两座复制的大雕像，两边墙上大幅的历史壁画，一进门就让人觉得万千的气象。德意志人的魄力，真有他们的。楼上本是雕版陈列室，今年改作哥德展览会。有哥德和他朋友们的像，他的画，他的书的插图，等等。《浮士德》的插图最多，同一件事各人画来趣味各别。楼下是埃及古物陈列室，大大小小的"木乃伊"都有，小孩的也有。有些在头部放着一块板，板上画着死者的面相；这是用熔蜡画的，画法已失传。这似乎是古人一件聪明的安排，让千秋万岁后，还能辨认他们的面影。另有人种学博物院在别一条街上，分两院。所藏既丰富，又多罕见的。第一院吐鲁番的壁画最多。那些完好的真是妙庄严相；那些零碎的也古色古香。中国、日本的东西不少，陈列得有系统极了，中日人自己动手，怕也不过如此。第二院藏的日本的漆器与画很好。史前的材料都收在这院里。有三间屋专陈列一八七一年到一八九〇年希利曼（Heinrich Schlieman）发掘特罗衣（Troy）城所得的遗物。

故宫在博物院洲之北，一九二一年改为博物院，分历史的、工艺的两部分。历史的部分都是王族用过的公私屋子。这些屋子每间一个样子；屋顶，墙壁，地板，颜色，陈设，各有各的格调。但辉煌精致，是异曲同工的。有一间屋顶作穹隆形状，蓝地金星，俨然夜天的光景。又一间张着一大块伞形的绸子，像在遮着太阳。又一间用了"古络钱"纹做全室的装饰。壁上

朱自清
213

或画画，或挂画。地板用细木头嵌成种种花样，光滑无比。外国的宫殿外观常不如中国的宏丽，但里边装饰的精美，我们却断乎不及。故宫西头是皇储旧邸。一九一九年因为国家画院的画拥挤不堪，便将近代的作品挪到这儿，陈列在前边的屋子里。大部分是印象派表现派，也有立体派。表现派是德国自己的画派。原始的精神，狂热的色调，粗野模糊的构图，你像在大野里大风里大火里。有一件立体派的雕刻，是三个人像。虽然多是些三角形，直线，可是一个有一个的神气，彼此还互相照应，像真会说话一般。表现派的精神现在还多多少少存在：柏林魏坦公司六月间有所谓"民众艺术展览会"，出售小件用具和玩物。玩物里如小动物孩子头之类，颇有些奇形怪状，别具风趣的。还有展览场六月间的展览里，有一部是剪贴画。用颜色纸或布拼凑成形，安排在一块地子上，一面加上些沙子等，教人有实体之感，一面却故意改变形体的比例与线条的曲直，力避写实的手法。有些现代人大约"是"要看了这种手艺才痛快的。

这一回展览里有好些小家屋的模型，有大有小。大概造起来省钱；屋子里空气、光、太阳都够现代人用。没有那些无用的装饰，只看见横竖的直线。用颜色，或用对照的颜色，叫人看一所屋子是"整个儿"，不零碎，不琐屑。小家屋如此，"大厦"

也如此。德国的建筑与荷兰不同。他们注重实用，以简单为美，有时候未免太朴素些。近年来柏林这种新房子造得不少。这已不是少数艺术家的试验而是一般人的需要了。"新西区"一带便都是的。那一带住屋小而巧，里面的装饰干净利落，不显一点板滞。"大厦"多在东头亚历山大场，似乎美观的少。有些满用横线，像夹沙糕，有些满用直线，这自然说的是窗子。用直线的据说是美国影响。但美国房屋高入云霄，用直线合式；柏林的低多了，又向横里伸张，用直线便大大地不谐和了。"大厦"之外还有"广场"，刚才说的展览场便是其一。这个广场有八座大展览厅，连附属的屋子共占地十八万二千平方英尺；空场子合计起来共占地六十五万平方英尺。乍走进去的时候，摸不着头脑，仿佛连自己也会丢掉似的。建筑都是新式。整个的场子若在空中看，是一幅图案，轻灵而不板重。德意志体育场，中央飞机场，也都是这一类新造的广场。前两个在西，后一个在南，自然都在市外。此外电影院跳舞场往往得风气之先，也有些新式样。如铁他尼亚宫电影院，那台，那灯，那花楼，不是用圆，用弧线，便是用与弧线相近的曲线，要的也是一个干净利落罢了。台上一圈儿一圈儿有些像排箫的是管风琴。管风琴安排起来最累赘，这儿的布置却新鲜悦目，也许电影管风琴简单些，才可以这么办。颜色用白银与淡黄对照，叫人常常清醒。祖国舞场也是新式，但多用直线形，颜色似乎多一种黑。这里面有许多咖啡室。日本室便按日本式陈设，土耳其室便按土耳其式。还有莱茵室，在壁上画着莱茵河的风景，用好些小电灯点缀在天蓝的背景上，看去略得河上的夜的意思——自然，屋里别处是不用灯的。还有雷电室，壁上画着雷电的情景，用电光运转；电射雷鸣，与音乐应和着。爱热闹的人都上那儿去。

柏林西南有个波次丹（Potsdam），是佛来德列大帝的城。城外有个无愁园，园里有个无愁宫，便是大帝常住的地方。大帝迷法国，这座宫、这座园子都仿凡尔赛的样子。但规模小多了，神儿差远了。大帝和伏尔泰是好朋友，他请伏尔泰在宫里住过好些日子，那间屋便在宫西头。宫西边有一架大风车。据说大帝不喜欢那风车日夜转动的声音，派人跟那产主说要买它。出乎意外，产主愣不肯。大帝恼了，又派人去说，不卖便要拆。产主也恼了，说，他会拆，我会告他。大帝想不到乡下人这么倔强，大加赏识，那风车只好由它响了。因此现在便叫它做"历史的风车"。隔无愁宫没多少路，有一座新宫，里面有一间"贝厅"，墙上地上满嵌着美丽的贝壳和宝石，虽然奇诡，却以素雅胜。

朱自清

瑞士

　　瑞士有"欧洲的公园"之称。起初以为有些好风景而已；到了那里，才知无处不是好风景，而且除了好风景似乎就没有什么别的。这大半由于天然，小半也是人工。瑞士人似乎是靠游客活的，只看很小的地方也有若干若干的旅馆就知道。他们拼命地筑铁道通轮船，让爱逛山的爱游湖的都有落儿；而且车船两便，票在手里，爱怎么走就怎么走。瑞士是山国，铁道依山而筑，隧道极少；所以老是高高低低，有时像差得很远的。还有一种爬山铁道，这儿特别多。狭狭的双轨之间，另加一条特别轨：有时是一个个方格儿，有时是一个个钩子；车底下带一种齿轮似的东西，一步步咬着这些方格儿，这些钩子，慢慢地爬上爬下。这种铁道不用说工程大极了；有些简直是笔陡笔陡的。

　　逛山的味道实在比游湖好。瑞士的湖水一例是淡蓝的，真正平得像镜子一样。太阳照着的时候，那水在微风里摇晃着，宛然是西方小姑娘的眼。若遇着阴天或者下小雨，湖上迷迷蒙蒙的，水天混在一块儿，人如在睡里梦里。也有风大的时候；那时水上便皱起粼粼的细纹，有点像颦眉的西子。可是这些变幻的光景在岸上或山上才能整个儿看见，在湖里倒不能领略许多。况且轮船走得究竟慢些，常觉得看来看去还是湖，不免也腻味。逛山就不同，一会儿看见湖，一会儿不看见；本来湖在左边，不知怎么一转弯，忽然挪到右边了。湖上固然可以看山，山上还可看山，阿尔卑斯有的是重峦叠嶂，怎么看也不会穷。山上不但可以看山，还可以看谷；稀稀疏疏错错落落的房舍，仿佛有鸡鸣犬吠的声音，在山肚里，在山脚下。看风景能够流连低徊固然高雅，但目不暇接地过去，新境界层出不穷，也未尝不淋漓痛快；坐火车逛山便是这个办法。

卢参（Luzerne）在瑞士中部，卢参湖的西北角上。出了车站，一眼就看见那汪汪的湖水和屏风般的青山，真有一股爽气扑到人的脸上。与湖连着的是劳思河，穿过卢参的中间。

河上低档的一座古水塔，从前当作灯塔用。这儿称灯塔为"卢采那"，有人猜"卢参"这名字就是由此而出。这座塔低得有意思；依傍着一架曲了又曲的旧木桥，倒配了对儿。这架桥带顶，像廊子；分两截，近塔的一截低而窄，那一截却突然高阔起来，仿佛彼此不相干，可是看来还只有一架桥。不远儿另是一架木桥，叫龛桥，因上有神龛得名，曲曲的，也古。许多对柱子支着桥顶，顶底下每一根横梁上两面各钉着一大幅三角形的木板画，总名"死神的跳舞"。每一幅配搭的人物和死神跳舞的姿态都不相同，意在表现社会上各种人的死法。画笔大约并不算顶好，但这样上百幅的死的图画，看了也就够劲儿。过了河往里去，可以看见城墙的遗迹。墙依山而筑，蜿蜒如蛇，现在却只见一段一段的嵌在住屋之间。但九座望楼还好好的，和水塔一样都是多角锥形；多年的风吹日晒雨淋，颜色是黯淡得很了。

冰河公园也在山上。古代有一个时期北半球全埋在冰雪里，瑞士自然在内。阿尔卑斯山上积雪老是不化，越堆越多。在底下的渐渐地结成冰，最底下的一层渐渐地滑下来，顺着山势，往谷里流去。这就是冰河。冰河移动的时候，遇着夏季，便大量地溶化。这样溶化下来的一股大水，力量无穷；石头上一个小缝儿，在一个夏天里，可以让冲成深深的大潭。这个叫磨穴。有时大石块被带进潭里去，出不来，便只在那儿跟着水转。初起有棱角，将潭壁上磨了许多道儿；日子多了，棱角慢慢光了，就成了一个大圆球，还是转着。这个叫磨石。冰河公园便以这

朱自清

类遗迹得名。大大小小的石潭，大大小小的石球，现在是安静了，但那粗糙的样子还能叫你想见多少万年前大自然的气力。可是奇怪，这些不言不语的顽石，居然背着多少万年的历史，比我们人类还老得多；要没人卓古证今地说，谁相信。这样讲，古诗人慨叹"磊磊涧中石"，似乎也很有些道理在里头了。这些遗迹本来一半埋在乱石堆里，一半埋在草地里，直到一八七二年秋天才偶然间被发现。还发现了两种化石：一种上是些蚌壳，足见阿尔卑斯脚下这一块土原来是滔滔的大海。另一种上是片棕叶，又足见此地本有热带的大森林。这两期都在冰河期前，日子虽然更杳茫，光景却还能在眼前描画得出，但我们人类与那种大自然一比，却未免太微细了。

立矶山（Rigi）在卢参之西，乘轮船去大约要一点钟。去时是个阴天，雨意很浓。四周陡埤的青山的影子冷冷地沉在水里。湖面儿光光的，像大理石一样。上岸的地方叫威兹老，山脚下一座小小的村落，疏疏散散遮遮掩掩的人家，静透了。上山坐火车，只一辆，走得可真慢，虽不像蜗牛，却像牛之至。一边是山，太近了，不好看。一边是湖，是湖上的山；从上面往下看，山像一片一片儿插着，湖也像只有一薄片儿。有时窗外一座大崖石来了，便什么都不见；有时一片树木来了，只好从枝叶的缝儿里张一下。山上和山下一样，静透了，常常听到牛铃儿叮儿当的。牛带着铃儿，为的是跑到那儿都好找。这些牛真有些"不知汉魏"，有一回居然挡住了火车；开车的还有山上的人帮着，吆喝了半天，才将它们哄走。但是谁也没有着急，只微微一笑就算了。山高五千九百零五英尺，顶上一块不大的平场。据说在那儿可以看见周围九百里的湖山，至少可以看见九个湖和无数的山峰。可是我们的运气坏，上山后云便越浓起来；到了山顶，什么都裹在云里，几乎连我们自己也在内。在不分远近的白茫茫里闷坐了一点钟，下山的车才来了。

交湖（Interlaken）在卢参的东南。从卢参去，要坐六点钟的火车。车子走过勃吕尼山峡。这条山峡在瑞士是最档的，可是最有名。沿路的风景实在太奇了。车子老是挨着一边儿山脚下走，路很窄。那边儿起初也只是山，青青的。越往上走，那些山越高了，也越远了，中间豁然开朗，一片一片的谷，是从来没看见过的山水画。车窗里直望下去，却往往只见一丛丛的树顶，到处是深的绿，在风里微微波动着。路似乎颇弯曲的样子，一座大山峰老是看不完；瀑布左一条右一条的，多少让山顶上的云掩护着，清淡到像一些声音都没有，不知转了多少转，到勃吕尼了。这儿高三千二百九十六英尺，差不多到了这条峡的顶。从此下山，不远便是勃利安湖的东岸，北岸就是交湖了。车沿着湖走。太阳出来了，隔岸的高山乔得出烟，湖水在我们脚下百多尺，闪闪的像珐琅一样。

交湖高一千八百六十六英尺，勃利安湖与森湖交会于此。地方小极了，只有一条大街；四周让阿尔卑斯的群峰严严地围着。其中少妇峰最为秀拔，积雪皑皑，高出云外。街北有两条小径。一条沿河，一条在山脚下，都以幽静胜。小径的一端，依着座小山的形势参差地安排着些别墅般的屋子。街南一块平原，只有稀稀的几个人家，显得空旷得不得了。早晨从旅馆的窗子看，一片清新的朝气冉冉地由远而近，仿佛在古时的村落里。街上满是旅馆和铺子；铺子不外卖些纪念品、咖啡、酒饭等，都是为游客预备的；还有旅行社，更是的。这个地方简直是游客的地方，不像属于瑞士人。纪念品以刻木为最多，大概是些小玩意儿；是一种涂紫色的木头，虽然刻得粗略，却有气力。在一家铺子门前看见一个美国人在说："你们这些东西都没有用处；我不欢喜玩意儿。"买点纪念品而还要考较用处，此君真美国的可以了。

从交湖可以乘车上少妇峰，路上要换两次车。在老台勃鲁能换爬山电车，就是下面带齿轮的。这儿到万根，景致最好看。

车子慢慢爬上去，窗外展开一片高山与平陆，宽旷到一眼望不尽。坐在车中，不知道车子如何爬法；却看那边山上也有一条陡峻的轨道，也有车子在上面爬着，就像一只甲虫。到万格那尔勃可见冰川，在太阳里亮晶晶的。到小夏代格再换车，轨道中间装上一排铁钩子，与车底下的齿轮好咬得更紧些。这条路直通到少妇峰前头，差不多整个儿是隧道；因为山上满积着雪，不得不打山肚里穿过去。这条路是欧洲最高的铁路，费了十四年工夫才造好，要算近代顶伟大的工程了。

在隧道里走没有多少意思，可是哀格望车站值得看。那前面的看廊是从山岩里硬凿出来的。三个又高又大又粗的拱门般的窗洞，叫你觉得自己藐小。望出去很远；五千九百零四英尺下的格林德瓦德也可见。少妇峰站的看廊却不及这里；一眼尽是雪山，雪水从檐上滴下来，别的什么都没有。虽在一万一千三百四十二英尺的高处，而不能放开眼界，未免令人有些怅怅。但是站里有一架电梯，可以到山顶上去。这是小小一片高原，在明西峰与少妇峰之间，三百二十英尺长，厚厚地堆着白雪。雪上虽只是淡淡的日光，乍看竟耀得人睁不开眼。这儿可望得远了。一层层的峰峦起伏着，有戴雪的，有不戴的；总之越远越淡下去。山缝里躲躲闪闪一些玩具般的屋子，据说

朱自清

223

便是交湖了。原上一头插着瑞士白十字国旗,在风里飒飒地响,颇有些气势。山上不时地雪崩,沙沙沙沙流下来像水一般,远看很好玩儿。脚下的雪滑极,不走惯的人寸步都得留神才行。少妇峰的顶还在二千三百二十五英尺之上,得凭着自己的手脚爬上去。

下山还在小夏代格换车,却打这儿另走一股道,过格林德瓦德直到交湖,路似乎平多了。车子绕明西峰走了好些时候。明西峰比少妇峰低些,可是大。少妇峰秀美得好,明西峰雄奇得好。车子紧挨着山脚转,陡陡的山势似乎要向窗子里直压下来,像传说中的巨人。这一路有几条瀑布;瀑布下的溪流快极了,翻着白沫,老像沸着的锅子。早九点多在交湖上车,回去是五点多。

司皮也兹(Spiez)是玲珑可爱的一个小地方:临着森湖,如浮在湖上。路依山而建,共有四五层,台阶似的。街上常看不见人。在旅馆楼上待着,远处偶然有人过去,说话声音听得清清楚楚的。傍晚从露台上望湖,山脚下的暮霭混在一抹轻蓝里,加上几星儿刚放的灯光,真有味。孟特罗(MonDtreux)的果子可可糖也真有味。日内瓦像上海,只湖中大喷水,高二百余英尺,还有卢梭岛及他出生的老屋,现在已开了古董铺的,可以看看。

朱自清

三家书店

伦敦卖旧书的铺子，集中在切林克拉斯路（Charing Cross Road）；那是热闹地方，顶容易找。路不宽，也不长，只这么弯弯的一段儿；两旁不短的是书，玻璃窗里齐整整排着的，门口摊儿上乱哄哄摆着的，都有。加上那徘徊在窗前的，围绕着摊儿的，看书的人，到处显得拥拥挤挤，看过去路便更窄了。摊儿上看最痛快，随你翻，用不着"劳驾""多谢"；可是让风吹日晒的到底没什么好书，要看好的还得进铺子去。进去了有时也可随便看，随便翻，但用得着"劳驾""多谢"的时候也有，不过爱买不买，决不至于遭白眼。说是旧书，新书可也有的是，只是来者多数为的旧书罢了。

最大的一家要算福也尔（Foyle），在路西；新旧大楼隔着一道小街相对着，共占七号门牌，都是四层，旧大楼还带地下室——可并不是地窖子。店里按着书的性质分二十五部；地下室里满是旧文学书。这爿店二十八年前本是一家小铺子，只用了一个店员；现在店员差不多到了二百人，藏书到了二百万种，伦敦的《晨报》称为"世界最大的新旧书店"。两边店门口也摆着书摊儿，可是比别家的大。我的一本《袖珍欧洲指南》，就在这儿从那穿了满染着书尘的工作衣的店员手里，用半价买到的。在摊儿上翻书的时候，往往看不见店员的影子；等到选好了书四面找他，他却从不知哪一个角落里钻出来了。但最值得流连的还是那间地下室；那儿有好多排书架子，地上还东一堆西一堆的。乍进去，好像掉在书海里，慢慢地才找出道儿来。屋里不够亮，土又多，离窗户远些的地方，白日也得开灯。可是看得自在。他们是早七点到晚九点，你待个几点钟不在乎，一天去几趟也不在乎。只有一件，不可着急。你得像逛庙会逛小市那样，一半玩儿，一半当真，翻翻看看，看看翻翻；也许好几回碰不见一本合意的书，也许霎时间到手了不止一本。

开铺子少不了生意经，福也尔的却颇高雅。他们在旧大楼的四层上留出一间美术馆，不时地展览一些画。去看不花钱，还送展览目录；目录后面印着几行字，告诉你要买美术书可到馆旁艺术部去。展览的画也并不坏，有卖的，有不卖的。他们又常在馆里举行演讲会，讲的人和主席的人当中，不缺少知名的。听讲也不用花钱，只每季的演讲程序表下，"恭请你注意组织演讲会的福也尔书店"。还有所谓文学午餐会，记得也在馆里。他们请一两个小名人做主角，随便谁，纳了餐费便可加入；英国的午餐很简单，费不会多。假使有闲工夫，去领略领略那名隽的谈吐，倒也值得的，不过去的却并不怎样多。

牛津街是伦敦的东西通衢，繁华无比，街上呢绒店最多；但也有一家大书铺，叫作彭勃思（Bumpus）的便是。这铺子开设于一七九〇年左右，原在别处；一八五〇年在牛津街开了一个分店，十九世纪末便全挪到那边去了，维多利亚时代，店主多马斯彭勃思很通声气，来往的有迭更斯、兰姆、麦考莱、威治威斯等人，铺子就在这时候出了名。店后本连着旧法院，有看守所、守卫室等，十几年来都让店里给买下了。这点古迹增加了人对于书店的趣味。法院的会议圆厅现在专作书籍展览会之用；守卫室陈列插图的书，看守所变成新书的货栈。但当日的光景还可从一些画里看出：如十八世纪罗兰生（Rowlandson）所画守卫室内部，是晚上各守卫提了灯准备去查监的情形，瞧着很忙碌的样子。再有一个图，画的是一七二九年的一个守卫，神气够凶的。看守所也有一幅画，砖砌的一重重大拱门，石板铺的地，看守室的厚木板门严严锁着，只留下一个小方窗，还用十字形的铁条界着；真是铜墙铁壁，插翅也飞不出去。

这家铺子是五层大楼，却没有福也尔家地方大。下层卖新书，三楼卖儿童书、外国书，四楼五楼卖廉价书；二楼卖绝版书，难得的本子，精装的新书，还有《圣经》、祈祷书、书影，等等，似乎是精华所在。他们有初印本、精印本、著者自印本、著者签字本等目录，搜罗甚博，福也尔家所不及。新书用小牛皮或摩洛哥皮（山羊皮——羊皮也可仿制）装订，烫上金色或别种颜色的立体派图案；稀疏的几条平直线或弧线，还有"点儿"，错综着配置，透出干净、利落、平静、显豁，看了心目清朗。装订的书，数这儿讲究，别家书店里少见。书影是仿中世纪的抄本的一叶，大抵是祷文之类。中世纪抄本用黑色花体字，文首第一字母和叶边空处，常用蓝色金色画上各种花饰，典丽乔皇，穷极工巧，而又经久不变；仿本自然说不上这些，只取其也有一点古色古香罢了。

一九三一年里，这铺子举行过两回展览会，一回是剑桥书籍展览，一回是近代插图书籍展览，都在那"会议厅"里。重要的自然是第一回。牛津、剑桥是英国最著名的大学，各有印刷所，也都著名。这里从前展览过牛津书籍，现在再展览剑桥的，可谓无遗憾了。这一年是剑桥目下的辟特印刷所（The Pitt Press）奠基百年纪念，展览会便为的庆祝这个。展览会由鼎鼎大名的斯密兹将军（General Smuts）开幕，到者有科学家詹姆士金斯（James Jeans），亚特爱丁顿（Arthur Eddington），还有别的人。展览分两部，现在出版的书约莫四千册是一类；另一类是历史部分。剑桥的书字迹清晰，墨色匀称，行款合式，书扉和书衣上最见功夫；尤其擅长的是算学书，专门的科学书。这两种书需要极精密的技巧，极仔细的校对；剑桥是第一把手。但是这些东西，还有他们印的那些冷僻的外国语书，都卖得少，赚不了钱。除了是大学印刷所，别家大概很少愿意承印。剑桥又承印《圣经》；英国准印《圣经》的只剑桥牛津和王家印刷人。斯密兹说剑桥就靠《圣经》和教科书赚钱。可是《泰晤士报》社论中说现在印《圣经》的责任重大，认真地考究地印，也只能够本罢了。——一五八八年英国最早的《圣经》便是由剑桥承印的。

英国印第一本书，出于伦敦威廉甲克司登（William Caxton）之手，那是一四七七年。到了一五二一年，约翰席勃齐（John Siberch）来到剑桥，一年内印了八本书，剑桥印刷

朱自清

事业才创始。八年之后，大学方面因为有一家书纸店与异端的新教派勾结，怕他们利用书籍宣传，便呈请政府，求英王核准，在剑桥只许有三家书铺，让他们宣誓不卖未经大学检查员审定的书。那时英王是亨利第八；一五三四年颁给他们勒书，授权他们选三家书纸店兼印刷人，或书铺，"印行大学校长或他的代理人等所审定的各种书籍"。这便是剑桥印书的法律根据。不过直到一五八三年，他们才真正印起书来。那时伦敦各家书纸店有印书的专利权，任意抬高价钱。他们妒忌剑桥印书，更恨的是卖得贱。恰好一六二〇年剑桥翻印了他们一本文法书，他们就在法庭告了一状。剑桥师生老早不乐意他们抬价钱，这一来更愤愤不平；大学副校长第二年乘英王詹姆士第一上新市场去，半路上就递上一件呈子，附了一个比较价目表。这样小题大做，真有些书呆子气。王和诸大臣商议了一下，批道：我们现在事情很多，没工夫讨论大学与诸家书纸店的权益；但准大学印刷人出售那些文法书，以救济他的支绌。这算是碰了个软钉子，可也算是胜利。那呈子，那批，和上文说的那本《圣经》都在这一回展览中。席勒齐印的八本书也有两种在这里。此外还有一六二九年初印的定本《圣经》，书扉雕刻繁细，手艺精工之极。又密尔顿《力息达斯》（Lycidas）的初本也在展览着，那是经他亲手校改过的。

　　近代插图书籍展览，在圣诞节前不久，大约是让做父母的给孩子们多买点节礼吧。但在一个外国人，却也值得看看。展览的是七十年来的作品，虽没有什么系统，在这里却可以找着各种美，各种趋势。插图与装饰画不一样，得吟味原书的文字，透出自己的机锋。心要灵，手要熟，二者不可缺一。或实写，或想象，因原书情境，画人性习而异。——童话的插图却只得凭空着笔，想象更自由些；在不自由的成人看来，也许别有一种滋味。看过赵译《阿丽思漫游奇境记》里谭尼尔（John Tenniel）的插画的，当会有同感吧。——所展览的，幽默，秀美，粗豪，典重，各擅胜场，琳琅满目；有人称为"视觉的音乐"，颇为近之。最有味的，同一作家，各家插画所表现的却大不相同。譬如莪默伽亚谟（Omar Khayyam），莎士比亚，几乎在一个人手里一个样子；展览会里书多，比较着看方便，可以扩充眼界。插图有"黑白"的，有彩色的。"黑白"的多，为的省事省钱。就黑白画而论，从前是雕版，后来是照相；照相虽然精细，可是失掉了那种生力，只要拿原稿对看就会觉出。这儿也展览原稿，或是灰笔画，或是水彩画；不但可以"对看"，也可以让那些艺术家更和我们接近些。《观察报》记者记这回

朱自清

231

展览会，说插图的书，字往往印得特别大，意在和谐，却实在不便看。他主张书与图分开，字还照寻常大小印。他自然指大本子而言。但那种"和谐"其实也可爱；若说不便，这种书原是让你慢慢玩赏的，那能像读报一样目下数行呢？再说，将配好了的对儿生生拆开，不但大小不称，怕还要多花钱。

诗籍铺（The Poetry Bookshop）真是米米小，在一个大地方的一道小街上。"叫名"街，实在一条小胡同吧。门前不大见车马，不说；就是行人，一天也只寥寥几个。那道街斜对着无人不知的大英博物院；街口钉着小小的一块字号木牌。初次去时，人家教在博物院左近找。问院门口守卫，他不知道有这个铺子，问路上戴着常礼帽的老者，他想没有这么一个铺子；好容易才找着那块小木牌，真是"远在天边，近在眼前"。这铺子从前在另一处，那才冷僻，连裴罗克的地图上都没名字，据说那儿是一所老宅子，才真够诗味，挪到现在这样平常的地带，未免太可惜。那时候美国游客常去，一个原因许是美国看不见那样老宅子。

诗人赫洛德孟罗（Harold Monro）在一九一二年创办了这爿诗籍铺。用意在让诗与社会发生点切实的关系。孟罗是二十多年来伦敦文学生涯里一个要紧角色。从一九一一年给诗社办《诗刊》（*Poetry Review*）起知名。在第一期里，他说，"诗与人生的关系得再认真讨论，用于别种艺术的标准也该用于诗。"他觉得能作诗的该作诗，有困难时该帮助他，让他能作下去；一般人也该念诗，受用诗。为了前一件，他要自办杂志，为了后一件，他要办读诗会；为了这两件，他办了诗籍铺。这铺子印行过《乔治诗选》（*Georgian Poetry*），乔治是现在英王的名字，意思就是当代诗选，所收的都是代表作家。第一册出版，一时风靡，买诗念诗的都多了起来；社会确乎大受影响。诗选共五册；出第五册时在一九二二年，那时乔治诗人的诗兴却渐渐衰了。一九一九年到一九二五年铺子里又印行《市本》月刊（*The Chapbook*）登载诗歌、评论、木刻等，颇多新进作家。

读诗会也在铺子里；星期四晚上准六点钟起，在一间小楼上。一年中也有些时候定好了没有。从创始以来，差不多没有间断过。前前后后著名的诗人几乎都在这儿读过诗：他们自己的诗，或他们喜欢的诗。入场券六便士，在英国算贱，合四五毛钱。在伦敦的时候，也去过两回。那时孟罗病了，不大能问事，铺子里颇为黯淡。两回都是他夫人爱立达克莱曼答斯基（Alida Klementaski）读，说是找不着别人。那间小楼也容得下四五十位子，两回去，人都不少；第二回满了座，而且几乎都是女人——还有挨着墙站着听的。屋内只读诗的人小桌上一盏蓝罩子的桌灯亮着，幽幽的。她读济慈和别人的诗，读得很好，口齿既清楚，又有顿挫，内行说，能表出原诗的情味。英国诗有两种读法，将每个重音咬得清清楚楚，顿挫的地方用力，和说话的调子不相像，约翰德林瓦特（John　Drinkwater）便主张这一种。他说，读诗若用说话的调子，太随便，诗会跑了。但是参用一点儿，像克莱曼答斯基女士那样，也似乎自然流利，别有味道。这怕要看什么样的诗，什么样的读诗人，不可一概而论。但英国读诗，除不吟而诵，与中国根本不同之处，还有一件：他们按着文气停顿，不按着行，也不一定按着韵脚。这因为他们的诗以轻重为节奏，文句组织又不同，往往一句跨两行三行，却非作一句读不可，韵脚便只得轻轻地滑过去。读诗是一种才能，但也需要训练；他们注重这个，训练的机会多，所以是诗人都能来一手。

铺子在楼下，只一间，可是和读诗那座楼远隔着一条甬道。屋子有点黑，四壁是书架，中间桌上放着些诗歌篇子（Sheets）、木刻画。篇子有宽长两种，印着诗歌，加上些零星的彩画，是给大人和孩子玩儿的。犄角儿上一张帐桌子，坐着一个戴近视眼镜的、和蔼可亲的、圆脸的中年妇人。桌前装着火炉，炉旁蹲着一只大白狮子猫，和女人一样胖。有时也遇见克莱曼答斯基女士，匆匆地来匆匆地去。孟罗死在一九三二年三月十五日。第二天晚上到铺子里去，看见两个年轻人在和那女司帐说话；说到诗，说到人生，都是哀悼孟罗的。话音很悲伤，却如清泉流泻，差不多句句像诗；女司帐说不出什么，唯唯而已。孟罗在日最尽力于诗人文人的结合，他老让各色的才人聚在一块儿。又好客，家里炉旁（英国终年有用火炉的时候）常有许多人聚谈，到深夜才去。这两位青年的伤感不是偶然的。他的铺子可是赚不了钱；死后由他夫人接手，勉强张罗，现在许还开着。

王光祈
（1891年—1936年）

留学与博士

　　1918年，王光祈毕业于中国大学。1920年赴德国留学，学德文和政治经济学，并兼任《申报》《时事新报》《北京晨报》的驻德特约记者。1923年转学音乐，在柏林从私人教师学小提琴和音乐理论。1927年入柏林大学专攻音乐学。1932年任波恩大学东方学院中国文学讲师。1934年以《论中国古典歌剧》一文获波恩大学博士学位，是中国第一位在西方获得荣誉的音乐学家。

近来国内社会，对于留学归国之博士、学士似乎甚为失望，于是大有"群起贱之"之势，此正与从前之"盲目崇拜"同一错误。

　　平心而论，博士头衔，虽彼此相同，而得之难易却迥然有别。譬如英国之"科学博士"，远较"哲学博士"为难；法国之"国家博士"，又远较"大学博士"为给。其在德国方面，二十三个普通大学之中，其考试宽严亦复各处不同：有著名易考博士之大学，有著名难考博士之大学；在各科学科之中，又有某种易考、某种难考之区别。在同种学科中，因个人经济情形否泰关系，京有难考易考之分。（譬如经济情形充裕的，可以先期出几百马克，聘请主任教授之助教担任私人教习，该助教既随主任教授讲学多年，对于主任教授所重视之问题及该教授之习惯，均知之甚熟，故助教所讲均极扼要易记，最便于考试之用。

王光祈

此外，口试日期大都由大学书记支配。有钱的可以向书记孝敬数十马克，该书记便将口试日期分配在一二星期之内。譬如本星期考某门，下星期再考某门之类；在被考者方面，尚可于其间补行温习一二。倘若无钱为此，则该书记便将各科口试钟点往往排在一日之中，接二连三，考得头昏眼花，因此而落第者，亦不乏其人。"钱能通神"，无论古今中外，皆然！）因此之故，若一味地、笼统地轻视博士，实使一般从艰难困苦中获得博士头衔之人十分冤枉。

余自信尚非《儒林外史》传中人物，但向来最喜欢人投考博士。余友朋之在德留学者，亦有十分七八曾应博士考试。盖德国大学系采"自由讲学主义"，对于学生读书，向来不加督促。诚然，德国大学教授对于教学之热心，可谓诚恳已极。譬如我们主任音乐教授，屡向研究室之学生表示，倘遇科学困难问题，无论白日夜间，均可前往询彼云云，可谓尽力鼓励学生求学。但学生自己如不力求上进，则大学教授亦只好听之；肄业一二十年，亦无人过问。至于投考博士，则至少须看过若干书籍，须预备若干时日方可。余友朋之在德赴考者，考后，精神多大为疲惫，此虽对于身体不甚妥当，但由此亦可证明被考者之如何吃力，并非如现在国人所想象，德国博士恰似前清"军功"，由保荐者在印就之空白内随意填上姓名可也。

余常见许多"名流学生"，往往表示自己不屑一考博士，而在实际上，乃不欲多卖力气，以遂其颓唐惰气而已。世间"高调"之中，往往藏有不少"暮气"，此一例也。

吾国近日教育机关用人标准，常有以"外国大学毕业或考得博士"为标准之一者，此事在欧人视之，最属可笑。据余所知，德国人之在外国考得博士而归者，必自向本国教育部述明所以投考外国博士之理由；而且非俟部中核准之后，不得使用博士头衔，即或核准之后，亦须于博士之上冠以某国字样，如"法国博士""英国博士"之类，以免与本国博士相混。德从这重视本国名器为何如者！至于此项外国博士，如欲在本国做事者，则非经过德国文官考试不可；实与吾国留学人士，一得外国博士头衔，便成为本国大学之"当然教授"不同也。又德国学者如欲在大学担任教授，必须先向教育部提出一种讲演论文，以做毛遂自荐。此项论文，类皆对于某项学理具有特深研究。教育部审查此项论文，如认为合格，则准其担任大学教授，但讲演题目必须永远限定教授最初向教育部所提出之"自荐论文"范围内，不得超越。因教育部只承认该教授对于该问题有特深研究，至于其他问题，则未敢轻于相许故也。譬如音乐系中，

王光祈

则最初提出"比较音乐学"论文者,只许永远讲"比较音乐学";最初提出"乐器学"论文者,只许永远讲"乐器学"之类。只有"正教授",不受此项限制;凡关于音乐上之各种问题,彼皆可以随意提出演讲。至于"副教授"及"讲师",则未享有此项权利,而且不若"正教授"之有一定薪水;故当德国大学"副教授"及"讲师"者,生活至为清寒,除"卖文章为活"或"讨有钱老婆"两法外,只能呈请"学术救济会",每月津贴若干,以维持其清寒生活。德国大学中"正教授"数目至为有限,故此项"副教授"及"讲师"往往有终身不能脱离其"穷措在生活"者。但吾人却不宜因此误会,遂以为"副教授"及"讲师"之学问必不如"正教授"。盖现在西洋"学术分工"已到极为精深之境,"副教授"所精者,不必为"正教授"之所长。故在德国大学考博士,照章须由该科"正教授"考试,但学生之人事特殊问题研究者,类多从"副教授"讲习。迨论文草就,若"副教授"既已签名,认为完善,则"正教授"亦只好随之签名认为完善,极少刁难驳斥之举。

吾国留学生之归国充当大学教授者,只需呈验文凭即可;一若"洋大人既已为我们考过,当然绝对可靠,不必再考"也者。至于先期提出讲演论文,请求教育部审查之举,更是闻所未闻。

（西洋方面，亦有不须提出讲演论文，即可担任大学教授者，但只限于极为有名之学者而已。）本来，吾国教育部向来纯系官僚所组成，此外又无其他学术团体之辅助。试问：虽欲考试，究竟何人能够主持？至于德国则不然。主持教育行政之人，多系"学者"出身，而"国家学会"等组织又能网罗全国硕学鸿儒，故遇事皆有可以咨询之处。换言之，有"投考"者，同时亦有"主考"者。而现在呈国方面，则只有"投考"者，无"主考"者。其结果当然不能不听一班"外国博士"横行无忌。

近来国内虽有"大学研究院"之设，但所网罗之真正硕学鸿儒，究有几人？国家不重视真正人才，只重视亲戚私党；社会不重视真正学术，只重视虚荣头衔。此所以吾国学术永远不能稍有起色也。就现在世界学术进步程度而论，吾国在最近四五十年内，殆难望与人并驾齐驱，故留学一举，在最近三四十年内实属必要。倘政府及社会方面，不从速奖励真正学者，以提倡讲学之风，并网罗硕学鸿儒，组织考试委员会，以检查归国留学生，则吾国学术，势将永远不能独立，势将永为白族之殖民地！而衰颓国运，亦难望其挽回！盖现在无论任何国家社会事业，皆以"学术为其基础"，"学术"不发达，则一切皆不能发达。须知：做官赚钱一事，令郎、令媛或贵亲、尊

王光祈

241

友虽优为之，而学术事业则非其所长，非专门人才不能为功！犹忆前年上海中国银行经理张嘉璈氏在柏林时，曾谒德国国家银行总理夏赫提氏询其理财之道，该氏答曰："吾行若遇有问题发生，即向专家叩询。此项专家对于该项问题内容，盖无不如数家珍，洞悉毫末。于是吾人乃得筹划应付之道。贵国可惜缺乏此类专家，故一切皆无从说起。"可怜一个四万万人口偌大的国家，充满了气焰不可一世之党徒、博士，竟寻不出几个专家出来！近来吾国金融被外人操纵，而全国对之竟束手无策！中国人才破产之现象，殆已昭然若揭，博士、学士虽多，实于国家社会无益！

总而言之，余为主张留学之人，尤其主张留学者均段投考外国考试（外国文官考试或博士考试），但吾国当局，必须对于一切得有外国头衔或未得外国头衔之归国留学生，组织一种专家委员会，加以严格检查，始准录用。而其根本问题，却在国家社会方面须极力提倡讲学之风；不以党见或私人关系，尽将全国学术机关握于一般不学无术者之手。庶几全国自爱之士、特出之才，不至望望然而去之。

附录

梁启超
（1868年—1940年）

南洋所感

梁启超幼年时从师学习，8岁学为文，9岁能缀千言，17岁中举。后从师于康有为，成为资产阶级改良派的宣传家。1898年，戊戌变法失败后，与康有为一起流亡日本。1912年10月，结束了长达14年的流亡生涯，从日本回国。1918年底，梁启超赴欧，亲身了解西方社会。

船开了，经过香港、新加坡、槟榔屿，一天一天地热起来。十日以前，走津浦路线，正遇着大雪，燕齐平陆，一白千里。十日以后，在槟榔屿植物园赏起荷来了。我们的衣服，就好像剥竹笋，一层一层地褪，到后来穿一件白袷，还是汗下如雨。想起来人类受环境的支配，真是厉害，你不顺应他，你能够存活吗？现时国内大多数人所说的话，所做的事，所怀的思想，岂不都是穿着大毛游历新加坡吗？

　　我们离开国境已经十多日，却是到的地方，还是和内地旅行一样。新加坡、槟榔屿一带，除了一面英国国旗外，简直和广东、福建的热闹市镇，毫无差别。开大矿的么，中国人。种大橡皮园的么，中国人。大行号么，中国人。杂货小贩么，中国人。苦力么，中国人。乞丐么，中国人。计英属海峡

梁启超

245

殖民地三州，中国人约二十六七万，欧洲各国白人合计，不过六千八百。再就南洋华侨全体约计，英属（殖民地三州，保护地四州合计）二百万，荷属三百万，暹罗安南等处三百五十万，总数八百五十万。和南斯拉夫、比利时两国的人口磊略相等。比匈牙利、罗马尼亚略少些，比荷兰略多些，比瑞士、希腊约多一倍。唉！他们都是和英法德美分庭抗礼的一个国家了。再者美国十三州联合建国时，人数也不过几百万，他们当初也不过因为在家乡觅食艰难，出外别谋生路，那动机正和我们去南洋的一样，如今是怎么一个局面啰呢？比起来正是羞得死人。我们在船上讨论到这些情形，张君劢就做了一篇文章，论中华民族南洋建国问题。我想我们中国人，直到如今，从没有打过主意要建设自己的国家，不然，何至把本国糟到这般田地？四万万人尚且不成一个国，七八百万人更何足道？我从前说的一个原则，所谓"我住在这地方，就要管这地方的事。为什么呢？因为和我有利害关系。"我们中国人就向来没有认得这个原则，倘使认得，我们不知建了多少国了。我从前又说的："我们能够建设北京市会丰台村会，才能建设中华民国。"我如今再说一句，我们能够建设广州、汕头、厦门市会，自然能建设南洋新国，如其不然，什么话都是白说。好在我国民也渐渐自觉了，我敢信我们中华民国，不久定要建设起来。至于南洋新国，也是民族自决的一条正路，海外侨民，文化较稚，还须内地人助他开发。从前也有过些人设法劝导华侨赞助国内运动，这个固然是好。但国内的事，还应该国内人多负些义务，华侨却有他自己应做的事。什么事呢？还是那句老话，"我住在这地方，就要管这地方的事，因为和我有利害关系。"我想我们青年，若是哪位有兴致，去传播这种思想，拿来做终身事业，倒是男儿报国一件大事哩。

　　好几年没有航海，这次远游，在舟中日日和那无限的空际相对，几片白云，自由舒卷，找不出它的来由和去处。晚上满天的星，在极静的境界里头，兀自不歇的闪动。天风海涛，奏那微妙的音乐，侑我清睡。日子很易过，不知不觉到了哥仑波了。哥仑波在楞伽岛，这岛上人叫他做锡兰。我佛世尊，曾经三度来这岛度人，第三次就在岛中最高峰顶上，说了一部楞伽大经。相传有许多众生，天咧，人咧，神咧，鬼咧，龙咧，夜叉咧，阿乾闼咧，阿修罗咧，都跟着各位菩萨阿罗汉在那里围绕敬听。大慧菩萨问了一百零八句偈，世尊句句都把一个非字答了，然后阐发识流性海的真理。后来这部经入中国，便成了禅宗宝典。我们上岸游山，一眼望见对面一个峰，好像四方城子，土人都是四更天拿着火把爬上去礼拜，那就是世尊说经处了。山里头有一所名胜，叫作坎第，我们雇辆汽车出游。一路上椰子槟榔，漫山遍谷，那叶子就像无数的绿凤，迎风振翼。还有许多大树，都是蟠着龙蛇偃塞的怪藤，上面有些琐碎的高花，红如猩血。经过好几处的千寻大壑，树都满了，望下去就像汪洋无际的绿海。沿路常常碰着些大象，像位年高德劭的老先生规行矩步的从树林里大摇大摆出来。我们渴了，看见路旁小瀑布，就去舀水吃，却有几位黝泽可鉴的美人，捧着椰子，当场剖开，翠袖殷勤，劝我们受椰乳。刘子楷新学会照相，不由分说，把我们和这张黑女婢照在一个镜子里了，他自己却逍遥法外。走了差不多四点钟，到坎第了。原来这里海拔已经三千尺，在万山环绕之中，潴出一个大湖。湖边有个从前锡兰土酋的故宫，宫外便是卧佛寺。黄公度有名的锡兰岛卧佛诗，咏的就是这处。从前我们在日本游过箱根日光的湖，后来在瑞士，洗过勒蒙四林城的湖，日本的太素，瑞士的太丽，说到湖景之美，我不是推坎第。他还有别的缘故，助长起我们美感。第一件，他是热带里头的清凉世界，我们在山下，挥汗如雨，一到湖畔，忽然变了春秋佳日。第二件，那古貌古心的荒殿丛祠，唤起我们意识上一种神秘作用，像是到了灵境了。我们就在湖畔宿了一宵，那天正是旧历腊月十四，差一两分未圆的月浸在湖心，天上水底两面镜子对照，越显出中边莹澈。我们费了两点多钟，联步绕湖一匝。蒋百里说道：今晚的境界，是永远不能忘记的。我想真是哩！我后来到欧洲，也看了许多好风景，只是脑里的影子，已渐渐桃花源起来，坎第却是时时刻刻整个活现哩。中间有一个笑话，我们步月，张君劢碰着一个土人，就和他攀谈，谈什么呢，他问那人你们为什么不革命，闹得那人瞠目不知所对。诸君评一评，在这种潇洒出尘的境界，脑子里是装满了政治问题，天下有这种杀风景的人吗？闲话休提，那晚上三更，大众归寝，我便独自一个，倚阑对月，坐到通宵，把那记得的《楞伽经》默诵几段。心境的莹澈开旷，真是得未曾有。天亮了，白云盖满了一湖。太阳出来，那云变了一条组练，界破山色。真个是"只可自怡悦，不堪持寄君"哩。程期煎迫，匆匆出山，上得船来，离拔锚只得五分钟了。

我们在船上，好像学生旅行，通英文的学法文，通法文的学英文。每朝八点钟，各地抱一本书在船面市场朗诵，到十二点止，彼此交换着当教习。别的功课，照例是散三躺步，睡一躺午觉，打三两躺球，我和百里，还每日下三盘棋。余外的日子，都是各人自由行动了。我就趁空做几篇文章，预备翻译出来，在巴黎鼓吹舆论。有三两篇替中国瞎吹，看起来有点肉麻，连稿也没有存了。

梁启超

内中一篇题目叫作《世界和平与中国》，算是表示我们国民对于平和会议的希望，后来译印英法文，散布了好几千本。

冬春之交，印度洋风色最好，我们走了二十多日，真是江船一样。听说红海热得了不得，我们都有戒心。到红海了。走了三日，还和印度洋差不多。有一天清早，杨鼎甫看日出回来说："好冷呀！"我们就得了一句妙语，说是"红海号寒"。又一天我们晚上看日落，算是生平未见的奇景。那云想是从沙漠里倒蒸上来，红得诡怪，我着实没有法子把他形容出来。那形态异常复杂，而且变化得极快，韩昌黎《南山》《陆浑山》两首诗所描拟的奇特事象，按起来件件都有，却还写不到百分之一。倒影照到海里来，就像几千万尾赪色鲤鱼，在那里鳞鳞游泳，我直到那日，才晓得红海所以得名，海真算整个是红了。

我们到苏伊士了，算是头一回看见战场。原来一九一七年，土耳其要袭取运河，逼到边界，离此地仅七十英里。后来英军把他击退了。运河两旁，密布着层层铁网，岸上一堆一堆的帐蓬，戍兵还未撤呢。我们过河，那边一艘英国运兵船下来，两船上的人，彼此欢呼万岁，那一阵声音真似山崩地裂。听说停战后通航苏伊士的船，我们才算第二号哩。

第二日便到坡赛，我们半个月未踏陆地了。上岸散步，分外神旺。看见些阿拉伯女人个个戴着条一尺多长的黑面巾，连头带面盖着，只露出一双眼睛，想着他们不知到几时才有解放的自觉哩。市上法人颇多，商店招牌多用法文。这地方政治势力，虽然属英，经济势力，法人却还不弱。我们到海滨一家旅馆午饭，随即往观利涉铜像。眼望地中海左手挟一张运河图，右手指着红海，神采奕奕动人。据史家说，这运河当埃及王朝，曾经掘过，后来淤塞了。直到四千年后，才出这位利涉。据此说来，科学到底有多少进步，却成疑问了。

船到地中海，没有那么舒服了。有一两天，那船竟像劣马，跐踉跳掷起来。天气也渐冷了，子楷躲在舱里，好像冬虫入蛰。我们几个人，一切功课，还是照常。同船有位波兰人，也和子楷同病，他羡慕我们到了不得；便上了一个尊号，叫作"善航海的国民"，我们真受宠若惊了。

我们的船，直航英国，志那亚、拿波里、马赛等处，都不经过。横断地中海西行，南欧风景，一点看不着。行了七日过直布罗陀海峡，真是一夫当关，万夫莫开，西班牙自从失了这个地方，他的海权，便和英国办交代了。从上海到伦敦，走了一个半月，巡了半边地球，看见的就只一个英国。唉！这天之骄子，从哪里得来呀！

梁启超

251